Wie Sie Ihr Unternehmen während einer Rezession zum Erfolg führen.

WIE SIE IHR UNTERNEHMEN WÄHREND EINER REZESSION ZUM ERFOLG FÜHREN

von: D.K. Hawkins
Version 1.1 ~Oktober 2022
Veröffentlicht von D.K. Hawkins bei KDP
Copyright ©2022 von D.K. Hawkins. Alle Rechte vorbehalten.

Kein Teil dieser Veröffentlichung darf ohne vorherige schriftliche Genehmigung der Herausgeber in irgendeiner Form oder mit irgendwelchen Mitteln, einschließlich Fotokopien, Aufzeichnungen oder anderen elektronischen oder mechanischen Methoden oder mit Hilfe eines Informationsspeicher- oder -abrufsystems, vervielfältigt, verbreitet oder übertragen werden, mit Ausnahme von sehr kurzen Zitaten in kritischen Rezensionen und bestimmten anderen nichtkommerziellen Verwendungen, die nach dem Urheberrecht zulässig sind.

Alle Rechte vorbehalten, einschließlich des Rechts auf vollständige oder teilweise Vervielfältigung in jeder Form.

Alle Angaben in diesem Buch wurden sorgfältig recherchiert und auf ihre sachliche Richtigkeit überprüft. Der Autor und der Herausgeber übernehmen jedoch keine Garantie, weder ausdrücklich noch stillschweigend, dass die hierin enthaltenen Informationen für jede Person, jede Situation oder jeden Zweck geeignet sind, und übernehmen keine Verantwortung für Fehler oder Auslassungen.

Der Leser übernimmt das Risiko und die volle Verantwortung für alle Handlungen. Der Autor kann nicht für Verluste oder Schäden verantwortlich gemacht werden, die sich aus den in diesem Buch enthaltenen Informationen ergeben könnten.

Alle Bilder sind frei verwendbar oder von Stockfoto-Websites erworben oder lizenzfrei für die kommerzielle Nutzung. Ich habe mich bei der Erstellung dieses Buches auf meine eigenen Beobachtungen sowie auf viele verschiedene Quellen gestützt, und ich habe mein Bestes getan, um Fakten zu überprüfen und Quellenangaben zu machen, wo sie fällig sind. Sollte Material ohne entsprechende Erlaubnis verwendet worden sein, kontaktieren Sie mich bitte, damit das Versehen korrigiert werden kann.

Die in diesem Buch enthaltenen Informationen dienen nur zu Informationszwecken und sind nicht als Quelle für Ratschläge oder Kreditanalysen in Bezug auf das dargestellte Material gedacht. Die in diesem Buch enthaltenen Informationen und/oder Dokumente stellen keine Rechts- oder Finanzberatung dar und sollten niemals ohne vorherige Rücksprache mit einem Finanzfachmann verwendet werden, um festzustellen, was für Ihre individuellen Bedürfnisse am besten geeignet ist.

Der Herausgeber und der Autor geben keine Garantie oder andere Versprechen hinsichtlich der Ergebnisse, die durch die Verwendung des Inhalts dieses Buches erzielt werden können. Sie sollten niemals eine Anlageentscheidung treffen, ohne vorher Ihren eigenen Finanzberater zu konsultieren und Ihre eigenen Nachforschungen und Sorgfaltsprüfungen durchzuführen. Soweit gesetzlich zulässig, lehnen der Herausgeber und der Autor jegliche Haftung für den Fall ab, dass sich die in diesem Buch enthaltenen Informationen, Kommentare, Analysen, Meinungen, Ratschläge und/oder Empfehlungen als ungenau, unvollständig oder unzuverlässig erweisen oder zu Investitions- oder anderen Verlusten führen.

Der in diesem Buch enthaltene oder zur Verfügung gestellte Inhalt stellt keine Rechts- oder Anlageberatung dar, und es wird keine Beziehung zwischen Anwalt und Mandant begründet. Der Herausgeber und der Autor stellen dieses Buch und seinen Inhalt auf der Basis "wie besehen" zur Verfügung. Die Nutzung der Informationen in diesem Buch erfolgt auf eigene Gefahr..

Inhaltsübersicht.

Inhaltsübersicht...3

Einführung..5

Kapitel 1: Wie man ein starkes Unternehmen während einer Rezession aufrechterhält...............9

Kapitel 2: Definition Ihres Wertangebots in der Rezession...17

Kapitel 3: Bewährte Methoden für den Erfolg in einer Rezession...24

Kapitel 4: Strategien, die Ihr Unternehmen durch den Sturm der Rezession begleiten...............33

Kapitel 5: Wege zur Veränderung der Eigendynamik..48

Kapitel 6: Reduzieren Sie Ihre Kosten und steigern Sie Ihre Gewinne während einer Rezession, indem Sie Ihr Geschäft online verlagern.......................56

Kapitel 7: Die Kontrolle über Ihr Unternehmen in unsicheren Zeiten...61

Kapitel 8: Wie Werbung Ihren Gewinn während einer Rezession steigern kann.............................72

Kapitel 9: Wie Sie Ihr Einkommen durch Network Marketing auch während einer Rezession steigern können..78

Kapitel 10: Nutzen Sie Teleseminare, um Ihr Unternehmen rezessionssicher zu machen...............83

Kapitel 11: Marketing-Strategien, die Sie in einer Rezession umsetzen können...........................86

Kapitel 12: Umwandlung von Verbindlichkeiten in Vermögenswerte.......................98

Kapitel 13: Entgegengesetzte Verkaufsrichtlinien während einer Rezession.........................102

Kapitel 14: Wie Location-Based Marketing Ihrem Unternehmen helfen kann, die Rezession zu überleben...................106

Kapitel 15: Bewerten Sie Ihre Marketingstrategie während einer Rezession.........................109

Kapitel 16: Verbessern Sie den Wert Ihres Jobs während einer Rezession.........................113

Kapitel 17: Nutzen Sie die Stärke von SEO-Dienstleistungen.......................117

Kapitel 18: Alternativen zu Kürzungen und Kürzungen während der anhaltenden Rezession...121

Schlussfolgerung.....................127

Einführung.

Während einer Rezession müssen Sie als Unternehmer wachsam sein. Am besten achten Sie auf Signale wie Unternehmensverkleinerungen, steigende Arbeitslosigkeit, zunehmende Zwangsvollstreckungen von Häusern und sinkende Immobilienwerte.

Gleichzeitig hören Sie Berichte über den Einbruch des Aktienmarktes und den Zusammenbruch großer Finanzinstitute und Versicherungsunternehmen. All diese Faktoren tragen zur Finanzkrise bei.

Im Gegensatz zu dem, was die Medien uns glauben machen wollen, ist unsere Geldmenge nicht erschöpft, und die meisten Menschen leiden nicht unter finanziellen Problemen. Viele mögen die Rezession als einen Moment wirtschaftlicher Düsternis betrachten, der ihnen nur wenige oder gar keine Möglichkeiten lässt, ihre finanzielle Lage zu verbessern. Sie begegnen diesen Umständen mit Pessimismus und Verzweiflung.

Trotz des weit verbreiteten Pessimismus sehen andere die Rezession als eine vernünftige Zeit an. Für Optimisten bedeutet eine Rezession, dass Immobilien und die meisten materiellen Dinge zu Tiefstpreisen verkauft werden. Der richtige Zeitpunkt zum Kauf ist jetzt, solange die Preise noch niedrig sind. Sobald sich die Wirtschaft erholt, wird der Wert dieser Güter steigen, so dass diese Investoren sie mit erheblichen Gewinnen weiterverkaufen können.

Für Unternehmer ist es wichtig, ein grundlegendes Verständnis der Wirtschaft zu haben. Sie müssen verstehen, dass unser Geld nicht wirklich verschwunden ist; stattdessen wird es vorsichtig von Personen, die in guten Zeiten zu viel Geld ausgegeben haben, zu versierten Vermarktern verschoben, die in diesen schwierigen Zeiten erfolgreich sind.

Um die Bewegung der Gelder besser zu verstehen, könnten wir eine Art von Verbrauchern als "reaktive Personen" bezeichnen. Diese Personen gaben ihr Geld aus, als die Wirtschaft gesund war. Jetzt befinden sie sich in einem Zustand finanzieller Verzweiflung und erwarten nur noch eine Verbesserung. Folglich sind sie geneigt, in diesen schwierigen Zeiten auf Investitionsmöglichkeiten zu verzichten. Sie sind sich der Ursachen der Finanzkrise nicht bewusst.

Die zweite Gruppe besteht aus proaktiven Personen. Diese versierten Vermarkter sehen Chancen voraus, erkennen sie und ergreifen sie ohne zu zögern. Inhaber von Heimarbeitsplätzen lernen, ihre Firmen im Internet effizient zu verkaufen und zu vermarkten, so dass sie auch in Zeiten des wirtschaftlichen Abschwungs ein beträchtliches Einkommen erzielen können.

Wenn Sie ein Unternehmer sind und Ihre Karten gut ausspielen, muss die Rezession für Sie keine Zeit der finanziellen Schwierigkeiten sein. Auch Sie können proaktiv handeln, indem Sie ein paar einfache Schritte befolgen: Konzentrieren Sie sich auf den Überfluss statt auf den Mangel.

Nutzen Sie Direct-Response-Marketing, wenn Menschen nach Möglichkeiten suchen. Lernen Sie, wie Sie Ihre Dienstleistungen oder Produkte effektiv bewerben können, und Sie werden Kunden anziehen, die Wert für ihr Geld suchen. Wenn möglich, nutzen Sie die Vorteile von Werbeeinsparungen.

Für ein bescheidenes Heimunternehmen sind nicht nur Marketingtechniken wichtig, sondern auch ein Verständnis für die Ursachen von Finanzkrisen. Ein ständiges Bewusstsein für die Wirtschaft kann Ihnen dabei helfen, die profitabelsten Unternehmensentscheidungen zu treffen.

Kapitel 1: Wie man ein starkes Unternehmen während einer Rezession aufrechterhält.

Unabhängig davon, ob ein Unternehmen groß oder klein ist, ist es offensichtlich, dass Rezessionen stressig sein können. Sie können aber auch eine einmalige Gelegenheit für Sie als Unternehmer sein, Ihr Unternehmen zu bewerten und zu stärken.

Erstens: Kommunikation.

Obwohl Sie sich ständig um eine gute Kommunikation in Ihrem Unternehmen bemühen sollten, ist eine effektive Kommunikation in schwierigen Situationen unerlässlich. Sie müssen effektiv mit Ihren Mitarbeitern, Managern, Führungskräften und anderen Geschäftsinhabern kommunizieren.

Sie müssen sicherstellen, dass alle Beteiligten auf dem gleichen Stand sind, vor allem, wenn sofort dramatische Maßnahmen ergriffen werden müssen. Sie müssen Ihre Mitarbeiter über das Geschehen im Unternehmen auf dem Laufenden halten. Wenn die Dinge schlecht laufen, sollten Sie sie informieren. Wenn dann Maßnahmen ergriffen werden, werden sie nicht völlig überrascht sein.

Wenn Sie Mitarbeiter entlassen müssen, tun Sie dies nur einmal.

Dies ist vielleicht eine der schwierigsten Aufgaben für jeden Unternehmer oder Geschäftsführer, aber wenn Sie Mitarbeiter entlassen müssen, tun Sie es nur einmal. Das Traurigste an der Entlassung eines Mitarbeiters während einer Rezession ist, dass es sich vielleicht um einen hervorragenden Mitarbeiter handelt, den Sie sich aber einfach nicht leisten können.

Wenn Sie sich von jemandem trennen müssen, sorgen Sie dafür, dass Sie beim ersten Mal genug tun, damit Sie den Prozess nicht ein zweites oder drittes

Mal wiederholen müssen. Ihre verbleibenden Mitarbeiter werden es verstehen, wenn Sie es einmal tun, aber sie werden das Vertrauen in Sie und das Unternehmen verlieren, wenn Sie es mehrmals tun. Anstatt produktive Teammitglieder zu sein, werden sie den ganzen Tag damit verbringen, sich Sorgen zu machen, ihren Arbeitsplatz zu verlieren.

Überprüfen Sie die Grundlagen.

Schauen Sie sich Ihr Unternehmen genau an. Was ist Ihre Kernkompetenz? Weichen Sie davon ab? Wenn die Zeiten schwierig sind, müssen Sie sich auf das konzentrieren, was Sie am besten können. Außerdem ist es an der Zeit, sich wieder auf die Grundlagen des Kundendienstes zu besinnen.

Sie müssen sicherstellen, dass Sie die Leads, die Sie erhalten, umwandeln, da Sie wahrscheinlich nicht mehr so viele erhalten wie früher. Sie müssen auch dafür sorgen, dass Sie keine Kunden verlieren. Die Kunden sind überlebenswichtig für Ihr Unternehmen, also müssen Sie alles tun, um sie an Ihr Unternehmen zu binden.

Steigerung der Arbeitsmoral Ihrer Mitarbeiter.

Boni sind möglicherweise keine Option. Unabhängig davon, ob Sie Entlassungen vornehmen mussten oder nicht, werden Ihre Mitarbeiter wahrscheinlich über die Lage des Unternehmens informiert sein. Wenn es also nicht so gut läuft, wie es sollte, werden sie wahrscheinlich informiert sein. Daher müssen Sie alternative Methoden finden, um die Arbeitsmoral der Mitarbeiter zu steigern und die Motivation aufrechtzuerhalten.

Ein Kommentar oder eine kleine Anerkennung für eine gut gemachte Arbeit kommt bei den Mitarbeitern sehr gut an. Es kann den Mitarbeitern viel bedeuten, von ihrem Vorgesetzten gelobt zu werden, vor allem wenn sie ihre täglichen Aufgaben gut erledigt haben.

Dies kann auch eine Gelegenheit sein, Ihr Personal besser kennen zu lernen. Sie können eine Gruppe zu sich nach Hause zum Essen einladen, oder

Sie können mit jedem ein bedeutungsvolles Gespräch über seine Lebenssituation führen.

Wenn Sie Ihre Mitarbeiter besser kennenlernen, haben Sie vielleicht auch die Möglichkeit, ihnen ein kleines, aber sinnvolles Geschenk zu machen. Sie können andere Dinge tun, um die Moral in Ihrem Unternehmen zu verbessern.

Bereiten Sie sich auf das Comeback vor.

In einer Rezession kann dies eines der wichtigsten Dinge sein, die Sie für Ihr Unternehmen tun können. Auch wenn Sie sich im Überlebensmodus befinden, müssen Sie weiter an die Zukunft denken und diese planen. Irgendwann wird sich die Wirtschaft erholen; wenn das der Fall ist, sollten Sie darauf vorbereitet sein, aus der Situation Kapital zu schlagen.

Sie sollten damit beginnen, sich vorzustellen, wie die Landschaft Ihrer Branche aussehen wird, wenn die Rezession vorbei ist. Wird es die gleiche Anzahl von Wettbewerbern geben? Weniger?

Vielleicht sogar mehr? Diese Überlegungen sollten Sie anstellen; wenn Sie das tun, sind Sie gut positioniert, um aus dem Comeback Kapital zu schlagen.

Pflege bestehender Kunden.

Jetzt ist nicht der richtige Zeitpunkt, um in Panik zu geraten und bei der Kundenzufriedenheit ins Hintertreffen zu geraten. Halten Sie engen Kontakt zu all Ihren Kunden und widmen Sie den größten Kunden besondere Aufmerksamkeit. Sie sollten Ihren Kunden immer zeigen, dass Sie auch in der aktuellen Wirtschaftslage für sie wertvoll sind.

Kosten reduzieren.

Nehmen Sie sich die Zeit, Ihr Budget zu prüfen und übermäßige Ausgaben zu ermitteln. Gibt es Anpassungen des Budgets, die zur Kostensenkung vorgenommen werden können? Wenden Sie sich an Ihre Zulieferer, um sich nach Preissenkungen zu erkundigen, und wenn Sie Dienstleistungen von anderen Unternehmen in Anspruch nehmen, fragen Sie diese nach Kostensenkungen. Dies ist in einer

Rezession zu erwarten. Scheuen Sie sich daher nicht, Ihre Ausgaben auf jede erdenkliche Weise zu senken.

Entrümpeln.

Jetzt ist der perfekte Zeitpunkt, um die Finanzen und die Räumlichkeiten Ihres Unternehmens zu organisieren, Ihre Akten zu ordnen, überfällige Anträge zu erledigen und das Büro aufzuräumen. Es besteht die Möglichkeit, dass Sie einige vergessene Kontakte entdecken, die Sie anrufen könnten. Sobald dies erledigt ist, wird es einfacher sein, einen Schritt zurückzutreten und eine Perspektive einzunehmen, um besser zu verstehen, wo Sie stehen und wohin Sie gehen wollen.

Nutzen Sie das Internet.

Das Internet ist ein Instrument, und zwar ein sehr wirksames. Während einer Rezession kann es eine noch wertvollere Ressource sein, weil es online so viele kostenlose Marketingmöglichkeiten gibt. Wenn Sie sich mit dem Computer nicht so gut auskennen wie andere oder Ihnen einfach die Zeit fehlt, können

Sie ein Internet-Marketing-Unternehmen beauftragen, das Sie unterstützt.

Zahlungen überwachen.

Achten Sie in Zeiten wie diesen besonders auf Kreditgeschäfte und Schecks. Wir alle würden gerne glauben, dass alle unsere Kunden pünktliche Zahlungen leisten, aber sie sind sich vielleicht nicht einmal ihrer eigenen niedrigen Kontostände bewusst. Um Geld- und Zeitverluste zu vermeiden, müssen Sie Ihre Kunden und Barmittel genau im Auge behalten.

Werben Sie für Ihre Top-Standorte.

Vermarkten oder bewerben Sie Ihr umsatzschwächstes Produkt oder Ihre umsatzschwächste Dienstleistung nicht mehr als nötig. Bewerben Sie während einer Rezession aktiv Ihre umsatzstärksten und profitabelsten Dienstleistungen. Wenn der Kunde interessiert ist, können Sie ihm dann alle anderen Dienstleistungen anbieten, die Sie anbieten.

Kapitel 2: Definition Ihres Wertangebots in der Rezession.

Was würden Sie antworten, wenn jemand auf Sie zukäme und fragte: "Warum sollte ich Sie als meinen Hauptgeschäftspartner wählen?" Dieser dreißigsekündige Satz könnte den Unterschied zwischen dem Aufbau einer Beziehung zu einem neuen Kunden und dem Verpassen einer weiteren Verkaufschance ausmachen. Sie müssen Ihr einzigartiges Verkaufsargument in- und auswendig kennen.

Sie können sagen, dass Ihr Wertversprechen ein hervorragender Kundenservice ist, dass Ihre Preise die wettbewerbsfähigsten sind oder dass Sie behaupten, der Beste in der Branche zu sein und einen hervorragenden Service zu bieten.

Wer sagt das?

Diese Behauptungen sind weder identitätsstiftend noch sollten sie zur Vermarktung Ihres Wettbewerbsvorteils verwendet werden.

Warum eigentlich? Weil es sich um Aussagen handelt, die anfällig für Gegenargumente sind. Ihre Konkurrenten können sie wiederholen; ohne Beweise zur Untermauerung Ihrer Behauptungen werden sie als übertriebene, nichtssagende Versprechen angesehen.

Was Sie von anderen unterscheidet, muss dem Kunden einen besseren Wert bieten als das, wofür er in Bezug auf das Produkt, die Dienstleistung oder beides bezahlt. Sie heben sich ab, indem Sie einen außergewöhnlichen Wert für den Preis bieten, der sowohl bestehende als auch neue Kunden anlockt.

Wenn Ihre Konkurrenten es besser machen, werden sich Ihre Kunden anderswo umsehen, es sei denn, sie sind wirklich loyal und Preis und Wert sind ihnen gleichgültig. So einfach ist das in der derzeitigen Wirtschaftskrise.

Wie heben Sie sich von Ihren Mitbewerbern ab?

Welchen einzigartigen Wertbeitrag können Sie anbieten, den kein anderer hat?

Können Ihre Konkurrenten das nachahmen?

Bieten Sie einen spezifischen Vorteil oder gehen Sie lediglich davon aus, dass Sie dies tun?

Liefern Sie ein Angebot mit langfristigem Wert oder eines, das eine schnelle Lösung bietet?

Lassen Sie uns untersuchen, wie Sie sich von der Konkurrenz abheben können:

1. Rechnen Sie nach. Wird Ihre Dienstleistung oder Ihr Produkt Ihre Kunden während des derzeitigen wirtschaftlichen Abschwungs mehr kosten, ohne dass Sie den gleichen Wert bieten?

In diesem Fall können Sie Geschichte sein. Kunden suchen nach Möglichkeiten zum Sparen.

Wenn Sie ihnen also echte oder vermeintliche Einsparungen bieten können, werden sie Sie in der Rezession wahrscheinlich an ihrer Seite haben wollen. Wenn nicht, werden sie sich nach einer alternativen Konkurrenz umsehen, die ihr Budget und ihr Geschäft retten kann.

2. Überlegen Sie, wie Ihr Produkt oder Ihre Dienstleistung in die Welt Ihrer Kunden passt. Ist der Wert Ihres Produkts oder Ihrer Dienstleistung für den Kunden von Bedeutung? Der einfachste Weg, sich von der Konkurrenz abzuheben, besteht darin, etwas anzubieten, das andere vorschlagen und diskutieren werden.

Wenn es für Ihren Kunden wichtig ist und seine Kollegen Sie empfohlen haben, wird es ihm nichts ausmachen, etwas mehr zu bezahlen. Ermutigen Sie Ihre treuen Kunden, das, was Sie auszeichnet, weiterzuempfehlen. Empfehlungen von bestehenden Kunden führen letztlich zu den höchsten Konversionsraten.

3. Vernachlässigen Sie nicht die menschlichen Beziehungen. Wie ich bereits wiederholt festgestellt habe, machen Menschen Geschäfte mit anderen Menschen, nicht mit Unternehmen oder Institutionen. Die Einführung eines soliden CRM-Programms für Ihre Kunden ist eine der effektivsten Strategien zur Verwaltung und Förderung Ihres Wertangebots. Trotz der Bedeutung von Kosteneinsparungen wollen die Kunden wissen, auf wen sie sich in einer Rezession durch dick und dünn verlassen können.

4. Passen Sie sich der Realität Ihrer Kunden an, nicht umgekehrt. Ihre Kunden müssen sich nicht an Ihr Geschäftsmodell anpassen, sondern Sie müssen sich an das ihrer Kunden anpassen. Sie müssen wissen und verstehen, wie Ihr Kunde sein Tagesgeschäft wahrnimmt und was seiner Meinung nach die Antworten sind, um im wirtschaftlichen Abschwung zu überleben und sogar zu prosperieren.

Was sind seine beruflichen Hindernisse?

Was wünschen, brauchen und erwarten seine Endverbraucher?

Gehen Sie nicht davon aus, dass es sich um ein abgeschlossenes Geschäft handelt, nur weil Sie ein hervorragendes Nutzenversprechen haben. Es ist unerheblich, ob das Produkt oder die Dienstleistung den Bedürfnissen Ihrer Kunden entspricht. Er wird ein Produkt finden, das dies tut.

5. Finden Sie Ihren versteckten Vorteil. Gibt es ein Produkt, das Sie verkaufen, das sonst niemand führt? Eine Dienstleistung, die Sie anbieten, die ihresgleichen sucht? Besitzen Sie ein Geschäftsgeheimnis oder eine Branchenverbindung, mit der Sie aufkommende Trends erkennen und deren Potenzial nutzen können? Nutzen Sie dies zu Ihrem Vorteil.

6. Etablieren Sie sich als derjenige, der die Zukunft aus erster Hand kennt und weiß, was auf ihn zukommt. Dann müssen Sie diese Geheimnisse ausplaudern. Indem Sie diese Informationen weitergeben, zeigen Sie, dass Sie den

Gesamtzusammenhang verstehen, und fördern so das Vertrauen. Stellen Sie sicher, dass Ihre Aussagen zukunftssicher sind.

Sie müssen ausgewählt werden, da die wirtschaftliche Ungewissheit zumindest für den Rest dieses Jahres und möglicherweise für das nächste Jahr anhalten wird. Schaffen Sie ein Unterscheidungsmerkmal zwischen Ihrem Unternehmen und allen anderen, damit die Kunden - Ihre derzeitigen, treuen und noch zu entdeckenden Kunden - sich für Sie entscheiden werden.

Berücksichtigen Sie ihre Perspektive. Verstehen Sie ihre Sorgen und Bedürfnisse. Lösen Sie dann ihre Probleme so, wie es bisher noch niemand getan hat. Bieten Sie mehr Wert für ihr Geld. Es ist eine Win-Win-Situation.

Kapitel 3: Bewährte Methoden für den Erfolg in einer Rezession.

Niemand wünscht sich eine Rezession, denn sie würde eine völlige Neubewertung der Art und Weise erfordern, wie man ein florierendes Unternehmen aufrechterhalten kann. Wenn ein Unternehmen von einer Rezession betroffen ist, gibt es kein Versprechen, dass es sich schnell erholt.

Da nicht genügend Kapital zur Fortführung des Betriebs vorhanden war, waren kleine und große Unternehmen gezwungen, zu schließen, und man kann sich vorstellen, dass selbst etablierte Konzerne einen Teil ihrer Filialen opfern mussten, um den Finanzbedarf der verbleibenden Filialen zu decken.

Es ist nichts falsch daran, trotz der Rezession hohe Erwartungen zu haben. Je früher Sie erkennen, dass Ihr Unternehmen scheitert, desto besser. So können Sie die Situation bereinigen und die Hoffnung aufrechterhalten, dass Ihr Unternehmen noch gerettet werden kann.

Die Besinnung auf die Stärken des Unternehmens, die Verbesserung des Managementteams und andere Maßnahmen können den nötigen Auftrieb geben, um das Unternehmen wieder auf Kurs zu bringen. Sie sind sich bewusst, dass Sie aufgrund der fehlenden Mittelzuflüsse nun auf die Realisierbarkeit achten müssen.

Um Ihr Unternehmen wieder auf die Beine zu bringen, ist es auch wichtig, Ihre Konkurrenten im Auge zu behalten. Wenn Sie feststellen, dass sie bei den Dingen, die Sie für wichtig halten, Abstriche machen, können Sie diese Chance nutzen, um Ihr eigenes Angebot zu erweitern.

Sie wissen, dass Sie bei anderen Dingen lügen sollten, aber nicht, wenn es um die Förderung Ihres Unternehmens geht. Dies ist ein fantastischer Ansatz, um Menschen davon zu überzeugen, mit Ihnen Geschäfte zu machen, wenn Ihre Konkurrenten kurz vor der Schließung stehen. Sie könnten gewisse Abstriche bei Ihrem Werbe- und Marketingbudget machen, um mehr Kunden anzuziehen.

Denken Sie daran, dass in Zeiten der Rezession ein Moment kommen wird, in dem Sie Ihre Mittel einsetzen müssen, um die finanziellen Anforderungen des Unternehmens zu erfüllen. Es besteht immer die Möglichkeit, persönliche Mittel für das Wohl des Unternehmens zu opfern.

Daran können Sie nichts ändern, vor allem, wenn Sie der Eigentümer des Unternehmens sind. Sie können sich die Rezession zunutze machen, indem Sie zu ermäßigten Tarifen werben. Sie könnten diese einmalige Gelegenheit nutzen, um Ihr Unternehmen bekannt zu machen, während Ihre Konkurrenten dies nicht tun.

Sie können sogar hochkompetente Arbeitslose finden, die bereit sind, für einen geringeren Lohn zu arbeiten, da sie den Job dringend brauchen. Zumindest hat das Unternehmen jetzt eine bessere Chance, den Einbruch zu überstehen.

Wenn dies geschieht, können Sie nachts ruhig schlafen, weil Sie wissen, dass Sie die richtige Entscheidung getroffen haben, indem Sie Geld für andere, wichtigere Dinge geopfert und Personen eingestellt haben, die in der Lage sind, das Ansehen Ihres Unternehmens zu verbessern.

Unter scheinbar düsteren Umständen hoffnungsvoll zu sein, ist eine Herausforderung. Sie sind zuversichtlich, dass Sie nicht bereuen werden, etwas getan zu haben, was Sie früher hätten tun sollen. Solange Sie wollen, dass sich die Dinge verbessern, werden Sie in dem Glauben, dass am Ende alles gut werden wird, gewisse Opfer bringen.

Die folgenden Taktiken können Ihnen und Ihrem Unternehmen nicht nur helfen, die Rezession zu überstehen, sondern auch zu gedeihen:

1) Erkennen Sie, dass zumindest ein Teil der Rezession auf psychologische Angst und mangelnde Mentalität zurückzuführen ist.

In der Tat sind wirtschaftliche Kräfte im Spiel, auf die man keinen großen Einfluss hat. Dennoch ist ein wesentlicher Bestandteil einer Rezession, dass jeder ständig darüber nachdenkt und aus Angst reagiert. Der ständige Gedanke "es gibt nicht genug" oder "es wird immer weniger" veranlasst viele Menschen, ihre Ausgaben zu kürzen oder wichtige Investitionen aufzuschieben.

Sie müssen diese psychologische Komponente verstehen und erkennen, dass sie wahrscheinlich Ihre Kunden beeinflusst, und dann Ihre Marketing- und Verkaufsstrategien entsprechend anpassen. Sie müssen jedoch auch diese Region der Angst verlassen und in einen Zustand des intelligenten Mutes eintreten, um ruhig, überlegt und mutig zu handeln.

Die einzigen Menschen, die in einer Rezession erfolgreich sind, sind diejenigen, die sich nicht emotional beeinflussen lassen und mit Intelligenz und Gelassenheit reagieren.

2) Bekommen Sie Ihre Schulden besser in den Griff.

Verhandeln Sie über niedrigere monatliche Raten oder verlängerte Zahlungsfristen für Ihre Kredite. So können Sie Cashflow freisetzen, den Sie für Ihr Marketing benötigen. Dies führt zu der folgenden Taktik:

3) Verbessern Sie Ihr Marketing.

Der häufigste Fehler, den Unternehmen während einer Rezession begehen, ist die Kürzung von Marketinginvestitionen. Sie müssen jedoch Ihre Marketingbemühungen verstärken! Die Menschen treffen ihre Kaufentscheidungen langsamer und wahrscheinlich besser informiert, daher brauchen sie mehr Überzeugungskraft und mehr Aufmerksamkeit für Ihr Produkt oder Ihre Dienstleistung, nicht weniger.

Stellen Sie sicher, dass Ihre Marketing- und Werbemaßnahmen auf den richtigen Markt abzielen, die richtige Botschaft vermitteln und die richtigen Medien nutzen - und dass Sie die Ergebnisse testen und messen. Der Rest ist Makulatur. Um eine

Rezession zu überstehen, müssen Sie Ihr Marketing verbessern.

4) Reduzieren Sie Ihre Ausgaben.

In Ihrem täglichen Leben sollten Sie sich fragen: "Brauche ich das wirklich, oder will ich es nur haben?" Geben Sie vorerst nur das Nötigste aus und investieren Sie die Ersparnisse wieder in Ihr Unternehmen. Sobald Sie die ersten positiven Ergebnisse sehen, können Sie sich alles gönnen, was Sie sich wünschen, und es wird sich auch viel mehr lohnen!

5) Steigern Sie Ihre Produktivität und Effektivität.

Entwickeln Sie eine laserartige Konzentration auf Cashflow, Geschäftsabschlüsse, Kundenbindung und Kundenförderung. Machen Sie es sich zur Gewohnheit, sich ausschließlich auf Aktivitäten zu konzentrieren, die Einkommen generieren. Beseitigen Sie alle Ablenkungen und eliminieren Sie das Extra.

6) Erwägen und implementieren Sie "viele Einkommensströme".

Eine ist die schlechteste Zahl im Geschäftsleben.

Und warum? Angenommen, Sie verlassen sich ausschließlich auf ein Geschäft, einen Kunden, ein Produkt, eine Dienstleistung oder eine Vertriebsmethode. In diesem Fall sind Sie in ernsten Schwierigkeiten, wenn diese eine Sache scheitert: ein wichtiger Kunde verlässt Sie, eine Zeitungsanzeige fällt plötzlich aus usw.

Überlegen Sie, wie Sie Ihre Marketingkanäle diversifizieren oder andere Produkte oder Dienstleistungen entwickeln können, die Ihr Hauptgeschäft ergänzen. Sie können sogar einige Nebenunternehmen gründen, die nicht viel Zeit oder Geld benötigen, aber dennoch zusätzliches Einkommen generieren.

7) Konzentrieren Sie sich darauf, Beziehungen zu Ihren Verbrauchern und Kunden aufzubauen.

Das ist zu jeder Zeit wichtig, aber besonders in einer Rezession. Eine starke Beziehung wird Ihre Kunden ermutigen, Ihnen auch in schwierigen Zeiten treu zu bleiben. Emotionale Bindungen haben immer Vorrang vor rationalen Überlegungen. Sorgen Sie dafür, dass Ihre Kunden einen positiven Eindruck von Ihnen und Ihrem Unternehmen haben.

Da es in der Welt so viel Trübsal gibt, suchen die Menschen nach Dingen, die sie aufmuntern, besonders während einer Rezession. Bauen Sie daher von Anfang an eine positive Beziehung zu Ihren Kunden und jedem neuen Interessenten auf. Das wird Ihnen nicht nur finanziell helfen, sondern Sie werden sich auch gut fühlen!

Kapitel 4: Strategien, die Ihr Unternehmen durch den Sturm der Rezession begleiten.

Die 1898 gegründete Biscayne Engineering Company ist das älteste Unternehmen in der Stadt Miami und blickt auf eine mehr als drei Jahrzehnte lange Geschichte zurück. Ihr Einfluss auf den südöstlichen Teil Floridas reicht bis nach Cape Canaveral. Die Biscayne Engineering Company ist ein beständiges Merkmal von Miami.

Biscayne Engineering hat in seiner Geschichte neun Rezessionen und die Weltwirtschaftskrise überstanden. Vor diesem Hintergrund befragten wir den Präsidenten von Biscayne, George Bolton, und Mitglieder seines Managementteams über die Strategie des Unternehmens, Stürmen zu trotzen. Welche Methoden hat Biscayne Engineering angewandt, um in der Rezession X zu überleben und erfolgreich zu sein?

Strategie 1: Verwaltung.

Bolton ist sich über eine Überlebensstrategie im Klaren: Management ist der Ausgangspunkt für alles. Unternehmen brauchen zu jeder Zeit ein effektives Management, besonders aber in Zeiten des wirtschaftlichen Abschwungs. Die Führungskräfte müssen wissen, was in der gesamten Organisation vor sich geht.

Um dies zu gewährleisten, treffen sich die einzelnen Abteilungen wöchentlich, um die Arbeit der vergangenen Woche abzuschließen und die Aufgaben der kommenden Woche zu skizzieren. Jede Woche trifft sich das gesamte Managementteam zu einem Status-Update. Jeder Vorgesetzte kennt das aktuelle Arbeitspensum, die Zeitvorgaben, den Arbeitsablauf und die Rentabilitätsaussichten. Rätselraten ist nicht erlaubt.

"Jeder Einzelne ist über den Status der gesamten Organisation informiert, und jeder Vorgesetzte kennt die Aufgaben der einzelnen Abteilungsmitglieder. Jeder Manager und Vorgesetzte weiß, was jeder Einzelne in jedem Bereich zu leisten hat und was jeder Einzelne am Ende des Tages erwirtschaftet. Dazu gehört auch, wie viele Einnahmen jeder Einzelne erzielt hat und ob diese ausreichend waren. "Das läuft ab wie ein Spiel", so Bolton.

"Diese Frage gilt auch für Einzelpersonen. Es geht nur um den Gewinn", so Bolton. Wenn es um Beförderungen und Gehaltserhöhungen geht, ist die bisherige Leistung einer Person entscheidend. Letztlich geht es darum, ob wir als Team gewonnen oder verloren haben."

Strategie 2: Vorschläge.

Die Erstellung von Vorschlägen ist eine der wichtigsten Aufgaben der Geschäftsführung. Die Mitglieder der Geschäftsleitung verfolgen wöchentlich die Anzahl der verschickten Angebote und die Anzahl der in Verträge umgewandelten Angebote. Jeder Vorschlag, der nicht zu einem Vertrag geführt hat, wird analysiert.

Außerdem verfolgen sie die Einnahmen und Ausgaben. Die Geschäftsführung legt monatliche Ziele für die Anzahl der Angebote fest. Management und Mitarbeiter suchen täglich nach neuen Geschäftsmöglichkeiten, die zu Vorschlägen und Verträgen führen.

Strategie 3: Finanzen.

In einer Rezession sind die Finanzen eine weitere wichtige Managementfunktion. Um auf dem Markt wettbewerbsfähig zu bleiben, darf einem Unternehmen niemals das Geld ausgehen. Um dies zu verhindern, gibt es eine Unternehmenspolitik: Never Run Out Of Cash.

Um diese Richtlinie wirksam zu machen, wenden Sie eine einfache Regel aus der Geschichte an: Sparen Sie mindestens 10 Prozent Ihres Einkommens. Bolton fährt fort: "Es gab ein paar schwierige Zeiten, in denen wir unsere Mittel angezapft haben, aber wir haben sie schließlich zurückgezahlt.

Wir bewahren unser Polster jederzeit. Wenn nötig, leihen wir uns Geld von der Firma, aber wir zahlen es immer zurück. Das Geld geht uns nie aus." WIR bezahlen unsere Rechnungen pünktlich. Verspätete Zahlungen verursachen Kosten in Form von Säumnisgebühren und aufgelaufenen Zinsen. Bezahlen Sie immer pünktlich.

Eine zweite Komponente des Plans besteht darin, die Einnahmen und Ausgaben für jeden Vertrag im Auge zu behalten. Die Finanzanalyse muss keine Raketenwissenschaft sein, aber wir müssen sie durchführen.

Die dritte Komponente des Konzepts besteht darin, festzustellen, wie viele Einnahmen in jedem Monat traditionell erzielt wurden. Zu diesem Zweck werden die monatlichen Einnahmen der letzten drei Jahre in einer Tabelle festgehalten.

Der Drei-Jahres-Durchschnitt ist ein wesentlicher Bestandteil der Haushaltsplanung und ein Messinstrument. Er ist hilfreich bei der Schätzung des Einkommensbedarfs für die kommenden Monate. Wir addieren zum Monatsdurchschnitt eine prozentuale Steigerung, um Ziele zu setzen. Diese Zahlen dienen als Management-Benchmark.

Strategie 4: Erweitern Sie Ihre Basis.

Mike Bartholomew, Vice President of Operations, wurde als neue Führungskraft eingestellt. "Außerdem ist unser Kundenstamm so vielfältig wie möglich. Wir haben festgestellt, dass eine große Anzahl kleinerer Kunden uns hilft, in Zeiten des wirtschaftlichen Abschwungs einen beständigeren Einkommensstrom aufrechtzuerhalten, als wenn wir nur mit einer Handvoll Großkunden arbeiten."

Strategie 5: Planung.

Planung ist ein weiterer Ansatz zur Bekämpfung der Rezession. Innovative Unternehmen planen konsequent, und unser Plan berücksichtigt immer die Wahrscheinlichkeit von Wirtschaftsabschwüngen. Rezessionen und andere potenziell schwierige Situationen fallen unter die Rubrik "Was wäre wenn?". Darüber hinaus enthält der Plan Abhilfemaßnahmen für diese Situationen.

Einmal im Jahr werden die Marketing- und Geschäftspläne überarbeitet und aktualisiert, und vierteljährlich nimmt das Management eine Überprüfung oder Analyse vor. Nach der Bewertung wird die Strategie für das nächste Quartal fortgeschrieben. Abbildung beobachten

Das vierstufige Verfahren beginnt mit der Forschung.

Danach folgt die Planung, dann die Umsetzung und schließlich die Analyse. Der Zyklus beginnt dann wieder mit dem nächsten Quartal. Der Prozess hört nie auf, und das Management wird ständig informiert, wenn etwas schief zu laufen beginnt.

Strategie 6: Pooling von Software-Lizenzen.

Das Pooling von Softwarelizenzen ist eine interessante Methode, um Geld zu sparen. Dies wird durch einen serverbasierten Pool von AutoCAD-Lizenzen erreicht, die je nach Bedarf ausgecheckt werden können. Auf diese Weise muss nicht für jeden Computer eine eigene Lizenz erworben werden, da einige die Anwendung nur gelegentlich nutzen. Dadurch kann das Unternehmen mit weniger Lizenzen arbeiten und somit Geld sparen.

Strategie 7: Instandhaltung/Aufrüstung der Ausrüstung.

Die Ausrüstung ist für den Erfolg eines Vermessungs- oder Ingenieurbüros unerlässlich. Zu den Kostensenkungsmaßnahmen bei Biscayne gehört auch der Einsatz von Technologie. Das Unternehmen rüstet seine Außendienst- und Büroausrüstung bei Bedarf kontinuierlich auf.

Die monatliche Wartung von Computern ist weitaus weniger kostspielig als der Austausch von Computern alle drei Jahre. Bei ordnungsgemäßer

Wartung kann ein Computer zwei bis drei Jahre länger als üblich überleben.

Die Wartung von Fahrzeugen ist von entscheidender Bedeutung, da sie die Lebensdauer der Fahrzeuge verlängert, die einen der wichtigsten Vermögenswerte eines Unternehmens darstellen. Der Kauf von Kraftstoff zum niedrigstmöglichen Preis erhöht die Einsparungen - die Mitarbeiter bedienen mehrere Einsatzorte in derselben Gegend.

Dadurch werden Rückfahrten zum Büro und zu den Einsatzorten vermieden. Die Wartung erstreckt sich auch auf das Personal. Die Erhaltung der Gesundheit der Mitarbeiter ist für eine ununterbrochene Produktion unerlässlich. Das Unternehmen unterstützt eine gesunde Lebensweise und jährliche Vorsorgeuntersuchungen. Mitarbeiter, die abnehmen und das Rauchen aufgeben, werden belohnt.

Strategie 8: Kleinere Details.

Selbst kleine Maßnahmen, wie das Ausschalten der Beleuchtung an verlassenen oder nicht ausgelasteten Arbeitsplätzen, tragen zur Kostenkontrolle bei. Durch den monatlichen Kauf großer Mengen von Verbrauchsmaterial wird Benzin gespart und die Kosten werden durch den Mengenrabatt reduziert. Das Unternehmen setzt bewaffnete Sicherheitskräfte ein, um die durch Diebstähle auf den Baustellen verursachten Kosten zu reduzieren und zu beseitigen.

Strategie 9: Personal.

Das Programm "Developing Diversity" bei Biscayne Engineering schult Techniker so, dass sie zwischen verschiedenen Funktionen wechseln können, ohne dass ein zweiter Mitarbeiter erforderlich ist. Diese Methode wird durch einen Laserscanner-Techniker veranschaulicht, der die Daten vor Ort übersetzt und im Büro verarbeitet.

Eine andere Methode zur Kostensenkung, die die Qualität der Dienstleistungen verbessert, ist die Einstellung von sachkundigen und erfahrenen

Mitarbeitern. Die derzeitigen Beschäftigungsbedingungen bieten eine große Anzahl qualifizierter Fachkräfte. Die Strategie, Geld beiseite zu legen, kommt hier günstig zum Tragen. Bei Biscayne sind Entlassungen das letzte Mittel und beeinträchtigen niemals die Qualität der Dienstleistungen.

Strategie 10: Marketing.

Das Marketing von Biscayne Engineering wird trotz der wiederkehrenden Rezession fortgesetzt, was ein akzeptiertes Phänomen ist. "Laut Mike Bartholomew, Vice President of Operations, "haben wir das Gefühl, dass das Managementteam alle Mitarbeiter anführt und in die Marketingkampagne einbindet".

Dazu gehört auch, dass wir Ziele definieren und unsere Fortschritte auf dem Weg zu jedem Ziel verfolgen. Dazu gehört auch, dass wir unsere Ausgaben und die Rentabilität unserer Investitionen im Auge behalten. Es geht auch darum, neue

Dienstleistungen einzuführen und bestehende zu verbessern.

Bolton fuhr fort: "Viele Unternehmen geben ihre Marketingstrategien in wirtschaftlich schwierigen Zeiten auf. Das ist ein Fehler. Sie ziehen sich vom Markt zurück und lassen zu, dass andere Wettbewerber ihren Platz einnehmen. Wir sehen Marketing etwas anders.

Wir sehen es nicht als das Verkaufsinstrument des Unternehmens. Umgekehrt betrachten wir unsere Dienstleistungen als Vehikel für unsere Marketingbemühungen, um neue Kunden zu gewinnen. Damit hat das Marketing tatsächlich Vorrang vor allem anderen, wie es in einer Rezession auch sein sollte. Wir werben ständig für uns selbst."

Strategie 11: Netzwerkarbeit.

Bartholomew erwähnte, dass Networking ein Teil der Marketingbemühungen ist. Durch Networking gewinnen wir viele neue Kunden. Seit dem Ausbruch der Krise ist Networking zu einer viel wichtigeren Aktivität geworden. Bartholomew erklärte: "Wir haben schon immer Netzwerke gebildet, aber jetzt ist es unerlässlich."

Networking und der Beitritt zu Organisationen sind zwei der besten Strategien, um ein Unternehmen zu fördern. Networking ist außerordentlich kostengünstig, und die Jahresbeiträge für den Beitritt zu Gruppen liegen oft zwischen zwei- und dreihundert Dollar.

Geschäftskammern, soziale Gruppen, Sportvereine, Bürgervereine und Wohltätigkeitsorganisationen wie United Way, Easter Seals und die American Cancer Society sind gute Gelegenheiten für Networking und gemeinnützige Arbeit. Treten Sie einer dieser Organisationen bei, mit der Absicht, etwas beizutragen, anstatt etwas zu erhalten. Ein erfolgreicher Geschäftsabschluss bringt eine hohe Kapitalrendite.

Die wichtigste Komponente des Networking ist die Erkenntnis, dass es sich bei einer Networking-Veranstaltung nicht um ein Truthahnschießen handelt. Vielmehr ist es eine Gelegenheit, neue Leute zu treffen, sie kennen zu lernen und Freundschaften und Vertrauen aufzubauen.

Das Geschäft kann später zustande kommen, oder es kommt nie zustande. Deshalb brauchen Sie ein umfangreiches Netzwerk. Bauen Sie Ihr Netzwerk auf, pflegen Sie es und nutzen Sie jede Gelegenheit, um neue Mitglieder anzuwerben, auch an der Kasse im Supermarkt. Mit der Zeit werden die Menschen in Ihrem Netzwerk Ihnen ein beträchtliches neues Geschäft verschaffen. Sie müssen jedoch geben, um zu empfangen.

Strategie 12: Erweiterung.

Dies ist ein guter Zeitpunkt für Unternehmen mit verfügbaren Finanzmitteln oder Zugang zu Finanzmitteln, um über eine Expansion nachzudenken. Einige Unternehmen schließen, andere haben keine Mittel mehr; diese Unternehmen sind eine wertvolle Quelle für neue Geschäfte. Biscayne Engineering hat vor kurzem viele

Spezialisten von einem Unternehmen in Miami-Dade County übernommen, dessen Inhaber verstorben ist.

Solange Sie nicht bereit sind, das Handtuch zu werfen, können diese Taktiken Ihnen helfen, die Rezession zu überstehen und in eine Erfolgsmentalität zu gelangen, die es Ihnen ermöglicht, mehr Geld zu verdienen und mehr finanzielle Unabhängigkeit zu erlangen. Es mag Zeit brauchen, aber es ist möglich.

Kapitel 5: Wege zur Veränderung der Eigendynamik.

In guten Zeiten werden Sie unbewusst vom Schwung der guten Zeiten mitgerissen. In diesen prosperierenden Zeiten reiten Sie auf den Wellen. Sie können Ihr bewusstes Denken auf niedrig hängende Früchte, taktische Maßnahmen und die enormen Chancen konzentrieren, die der Markt bietet, um positive Ergebnisse zu erzielen und voranzukommen.

Wenn die Zeiten jedoch schlecht sind, werden Sie unbewusst den Schwung dieser schlechten Zeiten mitnehmen. Wenn Sie keine großen Anstrengungen unternehmen, um Ihr Momentum zu ändern, werden die nächsten Monate oder Jahre ein ziemliches Abenteuer werden. Gegenwärtig kann man Wahnsinn als "das Gleiche wie in guten Zeiten tun und in schlechten Zeiten die gleichen Ergebnisse erwarten" beschreiben!"

Welches sind also die wichtigsten Instrumente, die Ihnen in diesen schwierigen Zeiten zur Verfügung stehen, um die Dynamik zu verändern?

Trauern Sie um Ihren Verlust.

Nehmen Sie sich ein wenig Zeit, um das Ende der erfolgreichen Zeiten zu betrauern, damit Sie nichts bewusst oder unbewusst daran hindert, vorwärts zu gehen. Das Festhalten an der blühenden Vergangenheit kann nur dazu führen, dass Sie der Gegenwart pessimistisch gegenüberstehen. Jede Generation durchläuft mehrere erfolgreiche und schwierige Phasen. Dies ist eine der schwierigen Phasen, die wir in diesem Geschenk, das wir Leben nennen, überstehen müssen.

Aus inaktiver Hoffnung wird aktive Hoffnung.

Passive Hoffnung ist ein wesentlicher erster Schritt auf dem Weg zu besseren Orten. Mit seiner Präsidentschaftskampagne und ihren Botschaften hat Barack Obama vielen Menschen geholfen, diesen ersten mentalen Schritt zu tun. Ausgehend von meinen Beobachtungen über Barack Obama kann ich jedoch garantieren, dass er nie die Absicht hatte, dass wir passiv nach einer besseren Zukunft streben sollten. Um passive Hoffnung in aktive Hoffnung zu verwandeln, sind viele andere Maßnahmen erforderlich.

Persönlicher Standpunkt.

Ich habe bereits beschrieben, dass ich Sport sowohl zum Vergnügen als auch zur Bildung verfolge. Während der College-Football-Saison konnten wir ein außergewöhnliches Beispiel dafür beobachten, wie ein Einzelner Stellung bezog, was zu hervorragenden Ergebnissen führte. Tim Tebow, Quarterback der University of Florida, äußerte sich am 27. September 2008 in einer Pressekonferenz nach der einzigen Saisonniederlage der Gators gegen Ole Miss.

Er drückte sein Bedauern aus, versprach bessere und konzentriertere Anstrengungen und wünschte allen alles Gute. Das Ergebnis dieser öffentlichen Stellungnahme war eine College-Football-Meisterschaft für die Florida Gators!

Die eigenen Stärken kennen und ihre Wirkung maximieren.

Erfolgreiche Menschen konzentrieren sich auf ihre Stärken. In schwierigen Zeiten gibt es keinen Spielraum für Fehler. Daher können Sie es sich nicht leisten, Zeit, Geld oder Ressourcen auf Initiativen, Projekte oder Aufgaben zu verwenden, die nicht zu Ihren Stärken passen. Erstellen Sie noch heute einen Aktionsplan zur Stärkenaktivierung!

Hören Sie jede Woche mit einer Tätigkeit auf, die nicht zu Ihren Stärken gehört. Investieren Sie Ihre Zeit, Mühe und Ressourcen in eine Ihrer Stärken. Setzen Sie sich eine Frist, um die Aktivierung Ihrer Stärken um 5 % zu steigern. Verfolgen Sie dieses Ziel fortlaufend. Erreichen Sie es, und setzen Sie es erneut. 70 bis 80 % Ihrer Zeit, Energie und Finanzen sollten Sie für Ihre Stärken aufwenden.

Bewerten Sie die Bedürfnisse Ihres Marktes neu.

Die erfolgreichsten Produkte und Dienstleistungen bieten mehr als nur praktische Vorteile. Sie bedienen Klienten oder Kunden mit tieferen, emotionaleren Bedürfnissen. Der derzeitige wirtschaftliche Abschwung hat wahrscheinlich die emotionalen Anforderungen Ihrer Kunden oder Verbraucher verändert. Am besten wäre es, wenn Sie die Bedürfnisse Ihres Marktes neu bewerten würden, um zu sehen, wie Sie Ihre Fähigkeiten einsetzen können, um die veränderten Marktbedürfnisse zu befriedigen.

Die Menschen unterstützen im Allgemeinen Unternehmen und Dienstleister, die sie kennen, mögen und denen sie vertrauen. Sie sind in schwierigen Zeiten standhafter. Wenn Sie Wege finden, sich so zu positionieren, dass Sie über sich hinauswachsen, werden Sie die Kunden an sich binden und ihr Geschäft ausbauen.

Erwägen Sie strategische Werbemöglichkeiten.

Grenzen bieten Orientierung und regen die Kreativität an. Erfolgreiche Innovationen sind selten das Ergebnis zufälligen Grübelns. Es hilft dem Geist, offener für Ideen zu werden, aber die erfolgreichsten Erfindungen entstehen, wenn Menschen mit den entgegengesetzten Grenzen der Situation umgehen. Sie müssen Ihr Wettbewerbsumfeld neu definieren, um verborgene Chancen aufzudecken. Dann müssen Sie festlegen, wie Sie kleine Projekte testen, um diese Chancen zu erforschen.

Bewerten Sie Ihre Energiemanagementpraktiken.

Der Charakter der Arbeit hat sich gewandelt. Der Großteil der Arbeit wird nicht mehr allein durch die effiziente und effektive Nutzung der Zeit bewältigt. Auch die Geschwindigkeit und der Einfluss des Marktes haben zugenommen. Um erfolgreich zu sein, müssen Sie über Strategien verfügen, um Ihre Energie und die Ihres Unternehmens zu kontrollieren. Nehmen Sie regelmäßig am Prozess der strategischen Weiterentwicklung teil.

Definieren Sie Exzellenz in der Ausführung neu und entwickeln Sie mehr hochwertige, tägliche, konzentrierte Sitzungen. Und schließlich sollten Sie sich regelmäßige Ruhepausen gönnen. Jack Welch hat oft gesagt, dass er seine besten Ideen im Urlaub hatte! Vertrauen Sie darauf, dass die regelmäßige Erholung Ihnen zugute kommen wird, wenn Sie sich mit strategischer Weiterentwicklung und Ausführungsqualität beschäftigen.

Füttern Sie Ihren Geist oft mit bestimmten Botschaften.

Das ist wichtig, wenn man aus den Medien von schwierigen Zeiten erfährt. Auch wenn Sie noch so sehr versuchen, sie zu vermeiden, werden Sie in schwierigen Zeiten wahrscheinlich mehr Gespräche mit einem negativen Ton führen. Betanken Sie Ihren Geist so oft wie möglich proaktiv mit positiven Affirmationen und gesunden Informationen. Bauen Sie sie in Ihre Routine ein!

Sie werden in den Strudel der Negativität, der die derzeitige Rezession umgibt, hineingezogen, wenn

Sie nicht bewusst versuchen, Ihr Momentum zu ändern. Wenn Sie die acht oben beschriebenen Strategien zur Veränderung der Dynamik anwenden, werden Sie eine neue, positive Dynamik entwickeln.

Bitte nehmen Sie sofort Ihren Planer zur Hand und setzen Sie in den nächsten dreißig Tagen jeweils mindestens eine davon um. Sie werden schockiert sein, wie anders Ihr Leben nach dreißig Tagen sein wird.

Kapitel 6: Reduzieren Sie Ihre Kosten und steigern Sie Ihre Gewinne während einer Rezession, indem Sie Ihr Geschäft online verlagern.

Während der weltweiten Rezession von 2008-2009 schließen Unternehmen in alarmierendem Tempo ihre Türen.

Der Grundsatz von Darwins "Survival of the fittest" (Überleben des Stärkeren) ist in vollem Gange. Unternehmen, die sich nicht an das sich ständig verändernde wirtschaftliche Umfeld anpassen können, gehen unter. Sie können von der Tatsache profitieren, dass viele Ihrer Konkurrenten aufgeben und das Handtuch werfen. In diesen schwierigen Zeiten müssen Sie große Anstrengungen unternehmen und über die Reduzierung überhöhter Betriebskosten nachdenken.

Während des derzeitigen Internet-Goldrausches suchen einige kluge Geschäftsinhaber nach Online-Möglichkeiten, um aus ihrem mühsam erworbenen Fachwissen Kapital zu schlagen. Leider müssen viele feststellen, dass sie wie Kinder in einer Nation von Erwachsenen sind. Internet-Marketing-Technologien und -Taktiken lassen sich nicht in einem Monat oder gar einem Jahr erlernen; es ist ein fortlaufender Prozess, der ehrgeizige Aufmerksamkeit erfordert.

Aufgrund der geringen Kosten für die Gründung und Aufrechterhaltung eines Internet-Geschäfts gibt es in der Regel eine Menge Wettbewerb. Nur die fittesten Wettbewerber werden überleben und online wachsen. Zum Glück für Sie, den engagierten und ehrgeizigen Geschäftsmann, sind die meisten Ihrer Konkurrenten in ihren Marketingbemühungen nachlässig, unfähig bei der Kundenbetreuung und schuldig vieler anderer geschäftlicher Verbrechen.

Sie können online florieren und überleben, wenn Sie ein fitterer Mitbewerber sind. Dies ist nicht die Zeit, um sich über Ihre Ziele im Unklaren zu sein; im Geschäft geht es darum, Geld zu verdienen, und Sie müssen in diesen schwierigen Zeiten aggressiv und hartnäckig sein.

Wenn Sie Ihr Online-Geschäft mit einer proaktiven Einstellung aufbauen, werden Sie mehr Wissen und Erfahrung im effizienten Online-Marketing erwerben als Ihre schwächere Konkurrenz. Wenn sich die wirtschaftlichen Bedingungen verbessern, werden Ihre Gewinne in die Höhe schießen, weil Ihre hervorragende Grundlage und die harte Arbeit, die Sie in den Aufbau gesteckt haben, für neue Kunden sichtbar werden.

Jetzt ist der optimale Zeitpunkt, um Ihr Unternehmen als Marktführer zu positionieren. Es ist auch ein hervorragender Zeitpunkt, um ein brandneues Online-Geschäft zu starten. Dabei spielt es keine Rolle, ob Sie noch nie ein Unternehmen besessen haben oder ob Sie ein völlig anderes

Geschäft als Ihr Offline-Geschäft aufbauen wollen. Unabhängig davon, wie Sie Ihr Leben gelebt haben, sind die Chancen unglaublich hoch, dass Sie über Kenntnisse und Erfahrungen verfügen, die Sie zum Geldverdienen nutzen können.

Nehmen wir an, Sie sind ein Schuhreparateur. Ich war früher Schreiner, aber die langen Arbeitszeiten und die körperliche Arbeit haben mich gelangweilt, also habe ich die Perspektive des Handwerkers verstanden und beschlossen, online einen anderen Beruf auszuüben. Eine Schuhreparatur kann man nicht effizient online anbieten.

Man kann Material, ein Buch oder ein Video über die Beherrschung dieser Fertigkeit verkaufen. Um jedoch online viel Geld zu verdienen, müssen Sie sich als Unternehmer neu erfinden und Ihre Denkweise entsprechend anpassen.

Es gibt viele Möglichkeiten, online Geld zu verdienen. Vielleicht beginnen Sie mit dem Online-Verkauf eines Artikels, entscheiden sich aber später für eine profitablere Tätigkeit, z. B. das Generieren von Leads und den Telefonverkauf. Die Wahl einer Vorgehensweise kann ziemlich schwierig sein, aber Sie müssen sich für etwas entscheiden und dabei bleiben, bis Sie wissen, wie Sie es online verkaufen können, und dann können Sie das Gelernte auf andere Unternehmungen anwenden.

Im Allgemeinen erfordern die lukrativsten Möglichkeiten, online Geld zu verdienen, technische Kenntnisse als Vermarkter oder den Wunsch, potenzielle Kunden anzurufen. Wenn Sie etwas von Wert zu geben haben, werden Sie davon profitieren, dass Sie für potenzielle Kunden ansprechbar und zugänglich sind.

Das Internet ist lediglich ein weiterer Weg, um mit Menschen in Kontakt zu treten, und kein Mittel, um sich vor Kunden zu verstecken und das Engagement einzuschränken. Je zugänglicher Ihr Marketing ist, desto mehr Internetgeschäfte werden Sie wahrscheinlich erhalten.

Kapitel 7: Die Kontrolle über Ihr Unternehmen in unsicheren Zeiten.

Die Menschen sind sich der immensen globalen, nationalen und persönlichen Probleme bewusst, mit denen wir überall konfrontiert sind: in Zeitungen, Zeitschriften, im Fernsehen und in Blogs. Es wurde viel über die düstere Lage geschrieben, mit der wir alle konfrontiert sind. Die Menschen sind in allen Bereichen ihres Lebens mit Stress konfrontiert, und wir haben einen nationalen Schwerpunkt auf "die Krise" gelegt.

Trotz allem gibt es einen Grundton der Hoffnung. Wenn Institutionen und Organisationen scheitern, dekonstruiert werden oder zu Reformen gezwungen sind, ergeben sich Möglichkeiten, die neue und bessere Chancen schaffen können. Unter der Oberfläche der Angst verbirgt sich eine solide Basis der Erfahrung, dass man etwas tun kann.

Es entsteht eine Botschaft des "Ja, wir können" und es entstehen neue Möglichkeiten, die mit Maßnahmen verbunden sind. Intellektuell sind wir uns bewusst, dass selbst die schlimmsten Zeiten zyklisch verlaufen und dass die tiefsten Talsohlen schließlich neuen Phasen der Expansion weichen.

Andrew Carnegie gründete sein Stahlwerk zu Beginn des Abschwungs von 1873, und IBM führte den Personal Computer während der Rezession von 1981 ein, wie die Geschichte zeigt.

Die wichtigsten Anliegen, die jeder hat, sind:

- Was kann ich tun, um in dieser Zeit nicht nur zu überleben, sondern zu gedeihen?

- Welche Schritte kann ich unternehmen, um mich für den bevorstehenden Umschwung zu positionieren?

Der erste Schritt besteht darin, die richtigen Leute in den Bus zu bekommen. In diesen schwierigen

Zeiten versuchen zweifellos viele Menschen, den richtigen Bus zu besteigen, der Sicherheit und Schutz vor dem herannahenden Sturm bietet.

Ja, einige Menschen geben sich damit zufrieden, auf den Bus zu warten, während sie verzweifelt darauf hoffen, einen anständigen Bus zu erwischen.

Andere jedoch geben sich nicht mit dem Warten zufrieden; sie haben kein Interesse daran, gerettet zu werden. Sie wollen die Position des Fahrers einnehmen. Sie wollen die Route bestimmen und den Bus steuern; diese Seite ist für Fahrer.

Fahrer mit dem Selbstvertrauen und der Entschlossenheit, die Route zu bestimmen, Hindernisse zu überwinden und ihren Fahrgästen ein Gefühl von Sicherheit und Vertrauen zu vermitteln. Sie gehen mit Zuversicht und Entschlossenheit voran und konzentrieren sich auf das, was sein wird, und nicht auf das, was gewesen sein könnte.

Nielsen fand heraus, dass Unternehmen, die ihre Marketing- und Vertriebsaktivitäten in den 1980er

Jahren beibehielten oder erhöhten, fünf Jahre nach der Rezession eine Wachstumsrate von 275 % verzeichneten. Diejenigen, die ihre Ausgaben reduzierten, verzeichneten im gleichen Zeitraum nur einen Zuwachs von 19 %.

Von Autofahrern wird verlangt, dass sie in schwierigen Zeiten beide Hände am Steuer lassen. Ein Blick in die Literatur über das Gedeihen in stürmischen Zeiten zeigt, dass die Intensität des Managements ein "exzellentes Cash-Management" und eine "Leistungsverbesserung" (Beseitigung nicht wertschöpfender Aktivitäten) voraussetzt. Man könnte jedoch argumentieren, dass diese Techniken bereits weit verbreitet sein sollten.

Die Einbindung der Mitarbeiter ist eine der wesentlichen Fähigkeiten, die man erlernen muss, um in schwierigen Zeiten erfolgreich zu sein. Anstatt sie als Belastung abzutun, sollten Sie ihr intellektuelles Kapital und ihr betriebliches Fachwissen nutzen, um die effizientesten Methoden zur Verwaltung des Cashflows und zur Beseitigung von Verschwendung zu finden.

Mit anderen Worten: Vermeiden Sie es, sie als bloße Zuschauer zu behandeln, und betonen Sie stattdessen, dass sie einen Anteil am Ergebnis haben. Darüber hinaus können sie einen Wertbeitrag leisten, indem sie ihre besonderen Perspektiven und intellektuellen Ressourcen einbringen.

Pfizer verringerte die Ineffizienz, indem es seine Forschungs- und Geschäftsabteilungen in kleinere Teams aufteilte und ihnen mehr Verantwortung und Eigenverantwortung für ihre Arbeit und Produkte zugestand. Das Einbringen dieser "unternehmerischen Gene" in die Teams führte zu mehr Kreativität und Erfindungsreichtum sowie zu einer verbesserten Produktion und Moral.

Wie jeder andere Umstand im Leben ist auch der Erfolg das Produkt unserer Wahrnehmung der Dinge. Alles, was existiert, begann als eine Idee, die sich in Taten manifestierte.

Wenn wir das aktuelle Szenario mit Kollegen, Kunden und Geschäftsinhabern diskutieren, stoßen wir auf zwei Lager.

Es gibt zwei Gruppen: "die Korken knallen lassen" und "vorsichtig proaktiv sein". Wir stellen die folgenden Gemeinsamkeiten zwischen proaktiven Personen fest:

1. Arbeit von innen nach außen.
2. Strategische Partnerschaften aufbauen.
3. Aktiv statt passiv sein.

1. Von innen nach außen arbeiten.

Was Sie individuell oder kollektiv denken, beeinflusst Ihren emotionalen Zustand, denn Ihre Gefühle bestimmen Ihr Verhalten. Wenn Sie sich auf ein proaktives Management Ihres "mentalen Zustands" oder Ihrer Einstellung konzentrieren, können Sie die Ergebnisse, die Sie erzielen, positiv beeinflussen. Als Führungskraft ist Ihre Fähigkeit, eine Haltung der Dankbarkeit und des Überflusses zu vermitteln, ein Vorbild für andere.

Als Führungskraft haben Sie täglich und von Augenblick zu Augenblick die Möglichkeit, die Personen, auf die Sie sich bei der Umsetzung Ihrer Vision verlassen, zu motivieren oder zu demoralisieren. Nutzen Sie diese Gelegenheiten weise.

2. Strategische Allianzen.

Entwickeln Sie strategische Partnerschaften mit Organisationen und Menschen, die die Werte und Ziele Ihrer Organisation teilen. In der westlichen Kultur werden der Lone Ranger, Michael Jordan und Superman romantisch verklärt; dennoch hatte jeder von ihnen mindestens zwei Handlanger.

Vielfalt und Verflechtung sind die Quellen der Innovation. Allianzen, die die Zusammenarbeit fördern, bieten die Möglichkeit, den eigenen Einflussbereich zu vergrößern oder wertvolle Einblicke in bekannte Situationen zu erhalten.

Zusammenarbeit und Innovation sind weitaus erfolgsfördernder als Alleingänge und der

Wettbewerb nach dem Motto "der Sieger bekommt alles".

Bevor er starb, bemerkte Studs Turkel, dass zwei Faktoren den Menschen halfen, die Große Depression zu überleben: Optimismus und gegenseitige Hilfe. In schwierigen Situationen ist die Qualität der Menschen um Sie herum von entscheidender Bedeutung, also sorgen Sie dafür, dass der Bus die richtigen Fahrgäste enthält.

3. Engagieren Sie sich bei Aktivitäten.

Wenn es schwierig wird, ist es zu leicht, sich durch Unentschlossenheit lähmen zu lassen; doch jetzt ist der Moment für Entschlossenheit. Entwickeln Sie einen positiven und kristallklaren Fokus, kommunizieren Sie Ihre Überzeugungen und Ziele mit anderen, entwickeln Sie eine Strategie und setzen Sie sie um. Handeln setzt unsere Wünsche in Ergebnisse um.

Steve Jobs, CEO von Apple, sagte Folgendes: "Als die Dotcom-Blase platzte, versprach ich meiner

Firma, dass wir in die Rezession investieren würden, anstatt die Mitarbeiter zu entlassen, die wir so hart für Apple rekrutiert hatten, und dass wir die Finanzierung aufrechterhalten würden, so dass wir, wenn die Rezession endet, unseren Konkurrenten voraus sind.

Das ist es, was wir getan haben. Das ist es, was wir dieses Mal erreichen werden." Apple führt weiterhin neue Produkte ein, während andere Unternehmen Entlassungen ankündigen.

Wenn man sich die Ratschläge der "Experten" ansieht, sind "straffen" und "einschränken" die vorherrschenden Themen. Auf den ersten Blick scheint dies eine vernünftige Logik zu sein.

Dennoch ergeben sich aus dieser Theorie zwei Probleme. Erstens: Wenn die Zeit für Wachstum und Expansion gekommen ist, ist es eine Herausforderung, von einer Mentalität des "Festhaltens" zu einer Mentalität des Wachstums und der Expansion überzugehen.

Das zweite ist, dass die Konkurrenten, die auf Organisationskultur, Effizienz und Innovation setzen, Ihnen weit voraus sind, wenn es darum geht, Marktanteile zu erobern und neue Produkte und Dienstleistungen für ihre Kunden (und viele Ihrer "ehemaligen" Kunden) anzubieten, während Sie die Produktion hochfahren.

Obwohl wir keine Wirtschaftswissenschaftler sind, stimmen wir mit Professor Sean Snaith von der University of South Florida überein, wie er in der Associated Press schrieb: "Wenn man die negativen Auswirkungen überschätzt und Mitarbeiter entlässt, wird das Unternehmen im Nachteil sein, wenn sich die Wirtschaft erholt." Das Anwerben, Auswählen und Einarbeiten neuer Mitarbeiter kann teurer sein als der Erhalt Ihres geistigen Eigentums.

Es ist an der Zeit, den Bus in die Zukunft zu besteigen und nicht den Sturm abzuwarten. Wenn Sie warten, bis die Bedingungen günstig sind, können Sie feststellen, dass der Bus bereits ohne Sie abgefahren ist. Mehr noch, es ist an der Zeit, die Verantwortung zu übernehmen und den Ton anzugeben, indem Sie eine innere Haltung der Dankbarkeit und des Überflusses kultivieren, Allianzen entwickeln, die Ihnen die Bewegung in Richtung Ihrer gewünschten Zukunft erleichtern, und sofort handeln.

Kapitel 8: Wie Werbung Ihren Gewinn während einer Rezession steigern kann.

In Zeiten der Rezession zögern Marketingverantwortliche häufig, ihre Werbeausgaben zu erhöhen. Budgetkürzungen werden erwartet. Warum sollte man Werbegelder investieren, wenn niemand etwas kauft? Wir erleben derzeit schwierige wirtschaftliche Zeiten. Die Vereinigten Staaten haben seit dem Zweiten Weltkrieg neun Rezessionen durchlebt.

Fünf davon fanden zwischen 1980 und 2009 statt. So negativ das auch klingen mag, es gibt einen Silberstreif am Horizont: Die Verbraucher geben gegen Ende einer Rezession in der Regel 9 % mehr aus als zu Beginn. Obwohl wir uns technisch gesehen nicht in einer Rezession befinden, ist es wahrscheinlicher, dass Interessenten, die versuchen, Geld zu sparen, die Marke wechseln, wenn die Finanzen knapp werden.

Hunderte von Untersuchungen haben gezeigt, dass es für Vermarkter von Vorteil ist, wenn sie ihre Werbung in Zeiten des wirtschaftlichen Abschwungs beibehalten oder verstärken. Dies scheint kontraintuitiv, aber bereits in den 1920er Jahren durchgeführte Untersuchungen bestätigen dies. Im Gegensatz dazu müssen Unternehmen, die in solchen Zeiten ihre Werbung reduzieren, in der Regel einen Umsatzrückgang hinnehmen. Einige Beispiele:

• Zweihundert Unternehmen wurden während des Konjunktureinbruchs von 1923 beobachtet. Nach Angaben der Harvard Business Review verzeichneten die Unternehmen, die in dieser Zeit am meisten Werbung machten, die größten Umsatzsteigerungen.

• Während der Rezessionen von 1948-1949, 1953-1954, 1957-1958 und 1960-1961 beobachtete Buchen Advertising den Zusammenhang zwischen Werbeausgaben und Umsatzentwicklung. Die

Forscher entdeckten, dass diejenigen, die ihre Werbeausgaben reduzierten, einen Rückgang der Einnahmen erlebten.

Nach dem Ende der Rezession fielen diese Unternehmen hinter ihre Konkurrenten zurück, die ihre Werbebudgets beibehalten hatten.

• In den 1980er Jahren untersuchte McGraw Hill Research 600 B2B-Unternehmen. Unternehmen, die während der Rezessionen von 1980 und 1981/82 ihre Werbeausgaben beibehielten oder erhöhten, verzeichneten in den drei darauf folgenden Jahren ein starkes Wachstum.

Bis 1985 wuchsen diese Unternehmen um 256 % mehr als diejenigen, die ihre Werbebudgets nicht beibehalten hatten! Auch das Center for Research and Development fand heraus, dass aggressive Werbetreibende ihren Marktanteil 4,5 Mal schneller ausbauen konnten als diejenigen, die ihre Werbeausgaben während der Erholung nach der Rezession reduzierten.

- Im Jahr 2003 untersuchten die Professoren Kristina Franberger und Roger Graham unter der Schirmherrschaft des Marketing Science Institute 2 662 Unternehmen. Sie fanden heraus, dass höhere Werbeausgaben während einer Rezession nicht nur funktionieren, sondern auch bis zu drei Jahre nach Ende der Krise zur finanziellen Leistungsfähigkeit beitragen.

Eine minderwertige Produkt- oder Dienstleistungsqualität oder eine unwirksame Marketingkommunikation machen alle Verbesserungen zunichte. Damit Ihr Unternehmen während eines Marktabschwungs gedeihen kann, sollten Sie:

- Erweitern Sie Ihre Werbekampagne oder halten Sie sie zumindest aufrecht. Wenn Ihre Konkurrenten ihre Anstrengungen verringern, wird Ihre Botschaft stärker ins Auge fallen.

- Halten Sie Ihre Website frisch und sorgen Sie dafür, dass Ihre Produkte und Dienstleistungen aktuell sind.

• Einsatz von Suchmaschinenoptimierung zur Verbesserung der Platzierung in Suchmaschinen

• Nutzen Sie die Möglichkeiten des sozialen Marketings, um Ihre Internetpräsenz zu erweitern.

• Sparen Sie nicht an den Kosten für Gestaltung und Produktion. Denken Sie daran, dass sich Ihr Image in den Produktionswerten Ihrer Werbung widerspiegelt.

• Entwickeln Sie mit Ihrer Agentur einen Marketingplan, um die Verschwendung von Werbegeldern zu vermeiden.

• Bewahren und verfeinern Sie das Image und die Botschaft Ihrer Marke. Alle Medien sollten synergetisch wirken, um einen kumulativen Effekt zu erzielen.

• Jetzt könnte ein hervorragender Zeitpunkt sein, um von den reduzierten Anzeigenpreisen zu profitieren, die eine höhere Frequenz und eine stärkere Präsenz ermöglichen.

Um Ihre Präsenz aufrechtzuerhalten und Beziehungen zu Kunden und potenziellen Kunden zu pflegen, müssen Sie weiterhin mit ihnen in Kontakt bleiben. Wenn Sie das nicht tun, werden es die Wettbewerber tun.

In Zeiten des wirtschaftlichen Abschwungs ist es für Ihr Unternehmen sinnvoll, seine Werbemaßnahmen zu verstärken. Überlegen Sie es sich gut. Würden Sie Ihr Verkaufsteam anweisen, bei einem Umsatzrückgang zu Hause zu bleiben? Nein, natürlich nicht. Sie würden sie auffordern, neue Geschäfte aufzubauen, indem sie härter und intelligenter arbeiten.

Kapitel 9: Wie Sie Ihr Einkommen durch Network Marketing auch während einer Rezession steigern können.

Die Rezession hat Network-Marketing-Organisationen und anderen Unternehmen, die von zu Hause aus arbeiten, geschadet. Das ist wahr, weil die Anzahl der verfügbaren Möglichkeiten abgenommen hat und die bestehenden Märkte übersättigt und wettbewerbsfähig geworden sind.

Dies unterstreicht die Bedeutung der Entwicklung einer dynamischen Unternehmensmarke, um weiterhin online tätig zu sein. Wenn Sie den perfekten Network-Marketing-Plan finden, kann Ihr Unternehmen in der Lage sein, einen größeren Teil des Marktes zu erobern, während die Konkurrenten gezwungen sind, ihre Bemühungen zu reduzieren.

Branding als Methode.

Die Bedeutung der Marke eines Unternehmens ist Ihnen sicher bekannt. Mit ihr kann sich Ihr Unternehmen von seinen Konkurrenten unterscheiden. Eine Marke besteht aus verschiedenen Komponenten oder Qualitäten, die Kunden und Interessenten mit Ihnen in Verbindung bringen.

Diese Eigenschaften können vorteilhaft oder schädlich sein und sich auf den Umsatz Ihres Unternehmens auswirken. Die Markenbildung ist oft nicht der erste Marketingansatz, den Vermarkter in Betracht ziehen, aber sie ist unerlässlich, wenn Sie in einer Rezession erfolgreich sein wollen.

Wesentliche Merkmale Ihrer Marke.

Ihre Marke muss die Kunden inspirieren. Wenn es ihr nicht gelingt, ihr Interesse und ihre Phantasie zu wecken, wird sie keinen Erfolg haben.

Außerdem werden dann Marketinggelder verschwendet. Sie müssen verstehen, wie Ihre Marke die Bedürfnisse der Kunden befriedigt oder wie sie ihre Konkurrenten übertrifft und Erfolg hat.

Am besten wäre es, wenn Sie eine unverwechselbare, leicht zu erklärende Marke hätten. Wenn Sie den Kunden zeigen können, wie einzigartig Ihre Marke ist und warum sie mit Ihnen und nicht mit einem Konkurrenten Geschäfte machen sollten, dann haben Sie etwas erreicht.

Denken Sie daran, wie wichtig es ist, ein Alleinstellungsmerkmal (USP) zu entwickeln, denn es bestimmt diese Qualität. Außerdem müssen Sie die Attraktivität Ihres Produkts oder Unternehmens hervorheben und es in einem möglichst günstigen Licht darstellen.

Vertrauen ist eine wichtige Voraussetzung für gute Verkaufsbeziehungen zu Interessenten und Kunden. Sie sollen sich wohlfühlen. Andernfalls verlassen sie Sie vielleicht. Die Rezession hat dazu geführt, dass die Kunden wesentlich ängstlicher und besorgter sind als in der Vergangenheit. Sie machen sich mehr Gedanken über die Art und Weise und den Ort ihrer Ausgaben.

Wenn es Ihnen gelingt, aufrichtig und sympathisch zu sein, werden Sie mehr Erfolg haben, als wenn Sie auf den harten Verkauf setzen. Halten Sie Ihre Marke relevant. Wenn Sie die Relevanz Ihrer Marke für das Leben des Kunden aufzeigen können, können Sie Schwierigkeiten wie finanzielle Einschränkungen und spezifische kulturelle Einflüsse überwinden.

Durch den Einsatz von Branding als Netzwerkmarketing-Ansatz können Sie die Effektivität Ihres Unternehmens im derzeitigen wirtschaftlichen Klima steigern. Es ist einer der vielen Schritte, die Sie unternehmen können, um Ihr Unternehmen robuster zu machen.

Sie können sich effektiver an Marktveränderungen anpassen, indem Sie die wirtschaftliche Lage erforschen. Ihre Network-

Marketing-Bemühungen können florieren, wenn Sie sich die Zeit nehmen, intelligent zu handeln.

Das Erlernen der modernsten Network-Marketing-Techniken ist ein guter Ausgangspunkt, aber es gibt noch viel mehr, was Sie wissen müssen, um Ihre finanzielle Zukunft zu sichern.

Kapitel 10: Nutzen Sie Teleseminare, um Ihr Unternehmen rezessionssicher zu machen.

Es ist verblüffend, wie viele echte Möglichkeiten es gibt, im Internet Geld zu verdienen. Sie können eBooks, eReports, Coaching-Dienste, Teleseminare und andere digitale Produkte verkaufen.

Teleseminare sind einer meiner Favoriten (und am profitabelsten). Teleseminare sind im Wesentlichen Schulungssitzungen, die per Telefon oder Webcast durchgeführt werden. Im Zuge des technischen Fortschritts haben sich Teleseminare zu einer der beliebtesten Methoden für Unternehmensschulungen und Produktwerbung entwickelt.

Der größte Vorteil von Teleseminaren ist, dass die Teilnehmer nicht pendeln müssen. Sie können Teleseminare von fast jedem Ort aus veranstalten oder an ihnen teilnehmen, z. B. von zu Hause, von Ihrem Unternehmen aus oder auf der anderen Seite des Globus, und Sie können erhebliche Gewinne erzielen.

Vorteile von Teleseminaren.

Sie müssen Ihr Büro nicht verlassen, um an einer Schulung teilzunehmen. Im Gegensatz zu herkömmlichen Schulungen, bei denen Reisezeit einkalkuliert werden musste, wird Ihr Arbeitstag nur minimal unterbrochen. Zum vereinbarten Zeitpunkt müssen Sie nur vor Ihrem Telefon oder Computer mit einer schnellen und zuverlässigen Internetverbindung (über Skype oder VOIP) sitzen.

Wie bereits erwähnt, sind Sie nicht verpflichtet, zu reisen. Sie haben also genügend Zeit, um andere Aufgaben zu erledigen oder sich auf das Teleseminar vorzubereiten. Die mit der Reise und der rechtzeitigen Ankunft verbundenen Ängste entfallen.

Im Vergleich zu anderen Lehr- oder Werbemethoden für ein Unternehmen sind die Kosten für die Organisation oder Teilnahme an einem Teleseminar außerordentlich kostengünstig.

Teleseminare dauern oft zwischen 30 und 90 Minuten. Das bedeutet, dass sie unglaublich zielgerichtet sind und Sie viele sofort anwendbare Informationen erhalten können.

Die meisten Teleseminare beinhalten eine Frage-Antwort-Runde. Die Teilnehmer erhalten schnelle Antworten auf verschiedene Probleme, die sich in einer Geschäftssituation ergeben. Sie lernen aus den Erfahrungen anderer, welche Fallstricke vermieden werden sollten.

Die Teilnahme an einem Teleseminar, bei dem der Hauptredner nicht ansprechend ist und während des gesamten Gesprächs Fachjargon verwendet, ist einer der größten Nachteile.

Kapitel 11: Marketing-Strategien, die Sie in einer Rezession umsetzen können.

Die Rezession ist nun "angekommen" Wie fühlen sich kleinere Unternehmen, weil große Einzelhändler wie Walmart, Target und andere in Schwierigkeiten geraten sind? Derzeit sind die Geschäftsinhaber verständlicherweise besorgt. Welche Schritte müssen sie unternehmen, um in der derzeitigen Wirtschaftskrise nicht nur zu überleben, sondern auch zu wachsen?

Da die Medien immer wieder über die Notlage der Unternehmen berichten, komme ich nicht umhin zu denken: Die Rezession ist die ideale Zeit, um zu überleben und zu wachsen.

Sie ist weder ein "Problem" noch eine "Katastrophe", sondern vielmehr eine Chance.

Deshalb müssen Sie als Geschäftsinhaber oder Unternehmer begreifen, welche Schritte Sie unternehmen müssen, um sicherzustellen, dass Sie diese Möglichkeit nutzen.

Ganz einfach. Verstärken Sie Ihre Beziehungen zu Ihren Kunden oder Verbrauchern.

Das ist keine Raketenwissenschaft, aber viele Unternehmen tun es nicht oder machen es schlecht!

Der Aufbau langfristiger Beziehungen zu Ihren Kunden oder Verbrauchern durch konsequente Kommunikation wird sich erheblich auf Ihr Geschäft und Ihre Einnahmen auswirken. Überlegen Sie, wie Sie jede Transaktion zu einem angenehmen und unvergesslichen Erlebnis machen können, indem Sie Ihren Kunden verschiedene Kaufoptionen und neue Techniken anbieten, die sie dazu bewegen, bei Ihnen zu kaufen.

Das soll nicht heißen, dass dies niemand tut, aber viele Unternehmen sind nicht kundenorientiert.

So war zum Beispiel eines meiner ersten Unternehmen ein reiner Website-Wiederverkäufer, bei dem die Kunden Dinge kaufen und bestellen konnten. Ein Lieferant im Backend bearbeitete dann automatisch ihre Bestellung und kümmerte sich um alles.

Ich kontaktierte meine Kunden über E-Mail-Autoresponder. Der gesamte Prozess lief ohne mein Zutun ab, aber am meisten zur Umsatz- und Ertragssteigerung beigetragen hat, dass ich mich bei jedem meiner Kunden am Telefon für seine Bestellung bedankt habe.

Ich rief noch einmal an, um zu bestätigen, dass der Kunde mit der gelieferten Ware zufrieden war. Diese einfachen, kurzen Höflichkeitsanrufe hinterließen bei den Kunden einen unmittelbaren Eindruck und steigerten ihren Lebenszeitwert für mich sofort.

Dass ich mir ein paar Minuten Zeit nahm, um jeden Kunden anzurufen, war ein kleines Detail, das ich zu einem bereits effektiven Kundenkaufprozess hinzufügte, indem ich proaktiv vorging. Die Tatsache, dass ich die Verantwortung trage, hat mein Geschäft stark beeinflusst und mir geholfen, mich von der Konkurrenz abzuheben.

Man hat mir gesagt, dass es sich nicht lohnt, dies zu tun, aber stimmt das wirklich? Ist es nicht lohnenswert, jemanden anzurufen, der Ihnen eine beträchtliche Summe gezahlt hat, um sich zu bedanken? Selbst wenn diese Technik weitere 1 %, 5 % oder 10 % des Umsatzes durch wiederkehrende Kunden generiert, muss sie sich lohnen. 10 Wege, den Umsatz zu halten und Ihr Geschäft auszubauen

Im Folgenden finden Sie einige Marketingmethoden, die Sie sofort anwenden können, um Ihr Unternehmen vor der Rezession zu schützen.

1. Kommunizieren Sie häufig mit Ihren derzeitigen Kunden/Klienten. Damit eine

Geschäftsbeziehung gedeihen kann, muss eine ständige Kommunikation stattfinden.

Sie können nicht erwarten, dass Sie mit Menschen, mit denen Sie wenig Kontakt haben, eine enge Beziehung aufbauen. Ihre besten Freunde sind Ihre besten Freunde, weil Sie mit ihnen am meisten kommunizieren; im Geschäftsleben ist das nicht anders.

Es ist wichtig, dass Sie eine Beziehung zu Ihren Kunden durch ständige Kommunikation aufbauen. Unterstützen Sie sie, geben Sie ihnen das Gefühl, wichtig zu sein, kümmern Sie sich um ihre Bedürfnisse und tun Sie Ihr Bestes, um ihre Anforderungen zu erfüllen.

Wenn Sie dies tun, werden sie ganz natürlich mit Ihnen Geschäfte machen.

Die Kunden sollten im Mittelpunkt Ihrer Verkaufsbotschaften stehen.

Wenn Sie verfolgen und analysieren, was Ihre Kunden kaufen, können Sie Ihre Kommunikation auf deren Bedürfnisse und Vorlieben abstimmen.

Amazon ist ein ideales Beispiel für ein kundenorientiertes Unternehmen. Wenn Sie ein Buch kaufen, werden Ihnen andere Bücher präsentiert, die frühere Käufer des Buches ebenfalls gekauft haben, und ich bin bereit zu vermuten, dass Sie manchmal mehr Bücher gekauft haben, als Sie erwartet haben.

2. Steigern Sie Ihre Marketingeffektivität, um neue Kunden zu gewinnen; Wie kontaktieren Sie Ihre Zielgruppe? Gibt es andere Kanäle, über die Sie potenzielle Kunden erreichen könnten? Es gibt Gelegenheiten; erkennen Sie sie und nutzen Sie sie.

Wenn Sie feststellen, dass ein Aspekt Ihres Marketingkonzepts effektiver ist als die anderen, z. B. wenn Sie eine Zeitungsanzeige schalten, konzentrieren Sie sich darauf, die Effektivität dieses Aspekts zu maximieren. Machen Sie sich diesen Vorteil zunutze, um neue Kunden zu gewinnen.

3. Entwickeln Sie Allianzpartnerschaften. Diese Strategie ist erschwinglich und kann schnelle Ergebnisse für Ihr Unternehmen bringen. Viele Unternehmen sind aufgrund von Gastgeber-Empfänger-Vereinbarungen mit Unternehmen in verschiedenen Regionen enorm gewachsen.

4. Fordern Sie Referenzen von Ihren Kunden an. Empfehlungen führen zu Verkäufen, eine äußerst effektive Methode, die viele Unternehmen nicht anwenden.

Bieten Sie Ihren Kunden zu einem bestimmten Zeitpunkt in der Geschäftsbeziehung etwas Wertvolles an, wenn sie einen Kollegen oder Freund empfehlen. Vielleicht ein Geschenk? Vielleicht ein Preisnachlass?

Solange Sie wissen, dass Ihre Kunden mit Ihren Dienstleistungen zufrieden sind, werden sie Sie gerne weiterempfehlen. Es ist nie ein Problem, sie um ihre Meinung zu bitten, denn sie werden sich geehrt fühlen, dass Sie ihre Meinung zu schätzen wissen.

Wie fragen Sie also? Ganz einfach. Teilen Sie ihnen mit, dass Sie expandieren und auch andere Unternehmen aufnehmen können. Bevor Sie um neue Kunden werben, haben Sie den Freunden und Mitarbeitern Ihrer derzeitigen Kundschaft aus Höflichkeit Ihre Verfügbarkeit angeboten.

Weisen Sie sie dann an, sich an Sie zu wenden, wenn sie jemanden kennen, der von Ihrem hohen Serviceniveau und Ihrer persönlichen Betreuung profitieren würde. Bieten Sie ihnen als Dankeschön für ihre Empfehlung einen Anreiz, der zeigt, wie sehr Sie sie schätzen.

Veranstalten Sie ein exklusives Event, das für Ihre Zielgruppe von Interesse ist, und bei dem sie den Wert sofort erkennen wird.

Unabhängig von der Art des Unternehmens gibt es zahllose Möglichkeiten, eine besondere Veranstaltung zu planen, um neue Kunden zu gewinnen.

Wenn das Unternehmen ein Produkt hat, das vorgeführt werden kann, sollte es gezeigt werden. Wenn nicht, sollten Sie es zur Besichtigung bereitstellen. Wenn etwas getestet werden kann, lassen Sie es die Interessenten erleben.

Sie irren sich, wenn Sie glauben, dass es unmöglich ist, eine Veranstaltung für Ihr Unternehmen zu organisieren. Sie müssen vorausschauend sein und ein originelles Konzept für die Werbung für Ihr Unternehmen auf einer Veranstaltung entwickeln. Entwickeln Sie Ihre Vorstellungskraft und zaubern Sie etwas, das der Interessent faszinierend und wertvoll finden wird.

5. Besorgen Sie sich Mailinglisten mit qualifizierten Interessenten: Sie können schnell eine Kundendatenbank aufbauen und Ihren Umsatz steigern, wenn Sie Zugang zu gezielten Interessenten haben.

Ein Beispiel: Eine meiner Kundinnen ist Naturheilkundlerin. Ich wies sie an, eine Nachricht an eine Mailingliste mit "heißen Interessenten" zu senden, die im vergangenen Jahr ähnliche Behandlungen gekauft hatten. In dem Brief lud sie sie zu einem kostenlosen Abend ein, an dem sie die verschiedenen Behandlungen ausprobieren konnten.

Anschließend erhielt jeder Teilnehmer einen Gutschein für eine ermäßigte Sitzung und eine kostenlose 10-minütige Behandlung. Diesen Rabatt konnten sie sofort nach der kostenlosen Sitzung einlösen oder einen Termin für einen späteren Zeitpunkt vereinbaren. Die Resonanz war positiv, und ein erheblicher Prozentsatz von ihnen wurde zu Stammkunden meines Kunden.

6. Bieten Sie Ihren Kunden verschiedene Zahlungsmöglichkeiten an: Sie ermöglichen Ihren Kunden, ihre Finanzen zu verwalten, indem Sie ihnen die Möglichkeit geben, über eine bestimmte Anzahl von Wochen oder Monaten zu zahlen. Sie können davon ausgehen, dass diese Zahlungsmodalitäten bei teuren Eintrittskarten auf größere Resonanz stoßen werden. Es ist auch eine Methode, um wiederkehrende Zahlungen zu erhalten.

7. Beseitigen Sie die Gefahr, indem Sie eine Rückkaufgarantie anbieten. Wenn Verbraucher ihr hart verdientes Geld ausgeben, vor allem wenn es sich um hohe Beträge handelt, haben sie Angst, es zu verlieren, insbesondere in der derzeitigen wirtschaftlichen Situation.

Daher müssen Sie ihnen die Sorgen nehmen, indem Sie eine Geld-zurück-Garantie anbieten.

8. Testen. Testen. Testen. Erneut testen. Noch ein bisschen mehr testen. Habe ich das Testen bereits erwähnt?

Viele Unternehmen führen ihre Marketinginitiativen unter dem falschen Eindruck durch, dass sie wissen, was sie tun, obwohl sie keine Ahnung haben. Sie können Hunderte oder Tausende von Pfund für Marketing ausgeben, aber es ist schwer festzustellen, was funktioniert und was nicht, wenn sie nicht die Folgen jeder Bewegung verfolgen und testen.

Jedes Unternehmen sollte die Wirksamkeit jedes Aspekts seiner Marketingkampagne prüfen, einschließlich Schlagzeilen, Prospekte, Sonderangebote, Zahlungsmöglichkeiten und Garantien.

Testen wird die Leistung Ihres Unternehmens optimieren. Die Kunden werden Ihnen anhand ihrer Reaktion mitteilen, ob etwas wirksam ist oder nicht.

Kapitel 12: Umwandlung von Verbindlichkeiten in Vermögenswerte.

11 Monate nach der letzten Rezession, als diese endlich erkannt wurde, verlegten viele Unternehmen und Einzelpersonen ihren Schwerpunkt von der Expansion auf das Überleben. Dies war ein notwendiger Wandel, blieb aber weit hinter dem zurück, was für den Erfolg in diesen schwierigen Zeiten erforderlich war.

Jedes Unternehmen und jeder Einzelne hätte sich auf drastische und radikale Reformen konzentrieren müssen, um sein Überleben für die nächsten ein bis drei Jahre zu sichern und gleichzeitig seine organisatorischen, persönlichen und familiären Geschäftsmodelle neu zu definieren!

Sie werden umso besser dran sein, je eher Sie sich von der Annahme verabschieden, dass die Welt irgendwann zur (früheren) Normalität zurückkehren wird. Die Welt befindet sich in einem tiefgreifenden Wandel, und das gilt auch für Ihre Lebensweise.

Aufgrund der Gier korrumpierter Individuen können wir uns nicht mehr darauf verlassen, dass unsere Chefs rentable Unternehmen leiten, die dem Markt kurz- und langfristig einen Mehrwert bieten, ohne ungeheuerliche Fehlentscheidungen zu treffen.

Wir können uns auch nicht darauf verlassen, dass unsere Nachbarn im Rahmen ihrer Möglichkeiten leben, ohne der Gier und dem Anspruchsdenken zu erliegen, die sie in die Zwangsvollstreckung treiben und sich verheerend auf den Wert unserer Stadtviertel auswirken. In dieser ungeordneten und instabilen Wirtschaft können wir uns nicht darauf verlassen, dass ein Tag Arbeit ausreicht, um die Kosten für einen komfortablen Lebensstil zu decken.

Da die Arbeitsplatzverluste Anfang 2009 weiter ansteigen und die Arbeitslosigkeit ein 25-Jahres-Hoch erreicht hat, ist es offensichtlich, dass sich die Welt in einem erheblichen Umbruch befindet. Jüngsten Zahlen zufolge gingen in den ersten drei Monaten des Jahres 2009 2 Millionen Arbeitsplätze verloren, und seit 2008 wurden 5,1 Millionen Arbeitsplätze abgebaut.

Was sollen wir also tun?

Wir müssen uns die finanzielle Bildung, die Robert Kiyosaki in den letzten zwölf Jahren in seiner Rich Dad-Reihe propagiert hat, zu eigen machen. Allerdings müssen wir sie auf neue Weise umsetzen. Um unser Vermögen zu verbessern, reicht es nicht aus, mit Immobilien und Anlageportfolios zu spielen; der derzeitige wirtschaftliche Abschwung hat selbst diese beschädigt.

Es reicht nicht aus, nur darüber nachzudenken, wie wir auf der einen Seite Einkommen schaffen und auf der anderen, wie wir Geld ausgeben. Ja, ein Vermögenswert ist etwas, das uns Geld in die Tasche steckt, und eine Verbindlichkeit ist etwas, das uns Geld aus der Tasche zieht.

Wir leben jedoch nicht mehr im Industriezeitalter, in dem Aktiva und Passiva in der Bilanz völlig unterschiedliche Einheiten sind. Im Zeitalter des Wissens und der Information können wir viele Strategien aufdecken oder entwickeln, um unser Vermögen zu vergrößern, unsere Ausgaben zu begrenzen und vor allem unsere Verbindlichkeiten in Vermögenswerte umzuwandeln.

Dies ist eine grundlegende Veränderung, die für das Überleben in schwierigen Zeiten erforderlich ist. Anstatt in diesen schwierigen Zeiten nur Ihre einkommensschaffenden Möglichkeiten zu maximieren und Ihre Ausgaben zu reduzieren, sollten Sie überlegen, wie Sie Ihre Ausgaben in einkommensschaffende Möglichkeiten umwandeln können.

Kapitel 13: Entgegengesetzte Verkaufsrichtlinien während einer Rezession.

Wenn die Besorgnis über eine sich verschlechternde Wirtschaftslage die Runde macht, ist die erste Reaktion, zu handeln. Die typische Reaktion von Unternehmen besteht darin, sich zusammenzuziehen und zu verkriechen. Der Plan ist, sich fallen zu lassen und zu verstecken, bis die Rezession vorbei ist, egal wie lange das dauern mag.

Unternehmen, die den kontraintuitiven Ansatz verfolgen, aggressiv auf Kurs zu bleiben und mehr und nicht weniger zu verkaufen, werden feststellen, dass die Wettbewerbslandschaft in erster Linie frei von den traditionellen Übeltätern ist.

Die Einstellung der Verkäufer während einer Rezession ist identisch mit der im Sommer. Weil die Verkäufer glauben, dass alle im Urlaub sind, tätigen sie keine Anrufe. Ebenso denken sie, dass während einer Rezession niemand kauft und führen keine Verkaufsgespräche. Diejenigen, die Anrufe tätigen, erzielen Umsätze.

Damit der Vertrieb rezessionsresistent ist, ist eine kontraintuitive Mentalität erforderlich.

Ihre Gedanken sagen Ihnen vielleicht, dass Sie fliehen sollen, aber wenn Sie den Mut haben, in dieser Zeit vorwärts zu gehen, werden Sie feststellen, dass Sie eine größere Chance haben, Umsätze zu erzielen.

Hier sind fünf Empfehlungen, um eine Wirtschaftskrise zu überstehen und vielleicht sogar zu überleben:

Vertrieb und Marketing sind entscheidend: Eine Rezession ist eine Zeit, in der Sie Ihre Vertriebs- und Marketingfähigkeiten testen können. Die Idee ist, mit dem fortzufahren, von dem Sie wissen, dass es effektiv ist.

Investieren Sie in das Lernen: Wer alles weiß, hat nichts mehr zu lernen. Es ist ein fantastischer Moment, um in einer Rezession einen neuen Blickwinkel einzunehmen. Wie können Sie Verbesserungen erzielen? Klügerer Kundenservice?

Versuchen Sie es mit der großen Chance: Warum nicht auf Gold setzen? Jetzt ist es an der Zeit, mutig zu sein und sich um die Großkunden zu bemühen, die Sie in der Hochkonjunktur nie ansprechen würden. Man kann nie vorhersehen, was passieren wird. Es wird wahrscheinlich nicht viel Konkurrenz geben.

Bohren Sie tiefer: Wenn es den Kunden gut geht und Sie zu ihrem Erfolg beitragen, suchen Sie nach weiteren Möglichkeiten, noch mehr beizutragen. Denken Sie kreativ und haben Sie mehr Spaß; probieren Sie neue Ideen aus.

Akzeptieren Sie den Wandel: Die meisten Unternehmen akzeptieren die Prämisse der großen bösen Rezession; ehe sie sich versehen, ist der Wolf in Großmutters Haus! Nehmen Sie diese Zeit an, und Sie werden die Rezession besser überstehen als erwartet.

Wenn Sie Ihren derzeitigen Kurs beibehalten, werden Sie sogar noch weiter vorankommen. Während einer Rezession ist es besser, sich von der Masse abzuheben.

Kapitel 14: Wie Location-Based Marketing Ihrem Unternehmen helfen kann, die Rezession zu überleben.

Die Rezession hat den Einzelhandel und die Gastronomie in den letzten Jahren besonders hart getroffen. Die Wirtschaft war in den letzten Jahren für kleine Unternehmen äußerst schwierig. Nur Unternehmen, die schlank bleiben und ihre Kunden halten konnten, haben überlebt.

Das Segment der Schnellrestaurants ist ein Beispiel für solche wendigen Unternehmen. Sie haben die Rezession überlebt und florieren, weil sie ihren Kunden einen Mehrwert bieten und eine flüssigere und kompaktere Geschäftsstrategie verfolgen als die typischen Schnellrestaurants.

Welche Taktiken können Unternehmen anwenden, um sich in wirtschaftlich schwierigen Zeiten über Wasser zu halten? Standortbezogenes Marketing (Location-Based Marketing, LBM) ist eine der billigsten und einfachsten Taktiken.

Standortbezogenes Marketing ist eine ausgezeichnete Strategie zur Kundengewinnung, die Ihrem Unternehmen helfen kann, in diesen schwierigen wirtschaftlichen Zeiten zu florieren. Es gibt einige grundlegende Möglichkeiten, wie LBM Ihnen helfen kann, in einer Rezession erfolgreich zu sein.

Wenn die Wirtschaft am Boden liegt, suchen Kunden nach Angeboten und Sparmöglichkeiten. Standortbezogene Marketingangebote sind eine hervorragende Methode, um Ihren Kunden einen echten Mehrwert zu bieten. Mit LBM können Sie auch in Zeiten des wirtschaftlichen Abschwungs Kunden gewinnen, indem Sie Ihren Kunden relevante Sonderangebote und Rabatte anbieten. Während Ihre Konkurrenten Aufträge verlieren, können Sie sie gewinnen.

In einer schwierigen Wirtschaftslage können Sie auch standortbezogenes Marketing einsetzen, um Ihr Unternehmen von der Konkurrenz abzuheben. Während Ihre Konkurrenten Tag für Tag Kunden verlieren, können Sie LBM-Methoden einsetzen, um die Kundenbindung zu erhöhen und Ihren Kunden Anreize zu bieten.

In wirtschaftlich schwierigen Zeiten ist die Bindung Ihrer Stammkunden überlebenswichtig. Standortbezogenes Marketing ist die Methode zur Belohnung und Bindung treuer Kunden. Der Lebenszeitwert treuer Kunden hält viele Unternehmen über Wasser, besonders in Zeiten der Rezession.

Standortbezogene Marketinginitiativen sind außerdem kostenlos und kostengünstig in der Durchführung, was sie zu einem idealen Instrument für Unternehmen macht, die nach kosteneffizienten Strategien suchen, um ihren Kundenstamm während einer Rezession zu vergrößern.

Kapitel 15: Bewerten Sie Ihre Marketingstrategie während einer Rezession.

Da sich mit Marketing sofort Kosten sparen lassen, könnte Ihre erste Reaktion auf die Auswirkungen einer Rezession auf Ihr Unternehmen darin bestehen, es zu streichen. Marketing ist jedoch während einer Rezession unerlässlich. Marketing kann in dieser Zeit wichtiger sein als zu anderen Zeiten.

Sobald Sie erkennen, dass sich die Rezession auf Ihr Unternehmen auswirkt, oder sobald Sie dieses Kapitel lesen, wenn Sie die Folgen bereits zu spüren bekommen, müssen Sie Ihren Marketingansatz bewerten. Sie müssen es nicht abschaffen. Dennoch müssen Sie bestimmte Änderungen vornehmen. Ziehen Sie die folgenden Fragen in Betracht, um Ihren Plan zu überprüfen und zum Besseren zu verändern.

Verstehe ich meine Kunden?

Zu viele Unternehmer konzentrieren sich ausschließlich auf die Produkte und Dienstleistungen, von denen sie glauben, dass sie erfolgreich sein werden. Sie sind irrelevant, wenn sich die Trends nicht auf Ihren Kundenstamm beziehen. Anstatt sich darüber Gedanken zu machen, was Ihnen den größten Gewinn bringen soll, analysieren Sie Ihre Kunden.

Treue Kunden zu behalten ist eine der besten Möglichkeiten, eine Rezession zu überstehen. Es könnte sich auszahlen, wenn Sie sicherstellen, dass die von Ihnen angebotenen Produkte oder Dienstleistungen den Wünschen und Bedürfnissen Ihrer Kunden entsprechen. Dies ist ein wesentlicher Bestandteil jedes Marketingplans, da Sie sicherstellen müssen, dass Sie den Verbrauchern wirklich marktfähige Produkte anbieten.

Investiere ich zu viel oder zu wenig in das Marketing?

Sie müssen in bestimmten Bereichen Abstriche machen, aber dennoch ausreichend in das Marketing investieren. Das Ziel ist es, das Geld intelligent auszugeben.

Vergeude ich Geld für Marketing?

Nehmen Sie sich Zeit, um die richtige Zielgruppe anzusprechen. Viele Menschen geben eine beträchtliche Menge Geld für pauschale Marketingstrategien aus. In Zeiten der Rezession sollten Sie Ihre Marketinggelder jedoch für echte potenzielle Kunden einsetzen, bei denen jeder Dollar zählt.

Ist meine Preisgestaltung auf Gewinn oder auf Verkauf ausgerichtet?

Sie möchten Geld verdienen, müssen sich aber mit einigen Realitäten auseinandersetzen. Viele Menschen schränken ihre Ausgaben ein. Um weiterhin Einnahmen zu erzielen, müssen Sie möglicherweise Ihre Preise ändern. Am besten wäre es, ein Gleichgewicht zwischen dem Verkauf von Artikeln und dem Geldverdienen zu finden.

Es ist ganz einfach, Ihren Marketingplan zu bewerten, indem Sie sich ein paar Fragen stellen. Sobald Sie die Antworten auf diese Fragen kennen, können Sie die notwendigen Anpassungen vornehmen, um sicherzustellen, dass Ihr Unternehmen die Konjunkturflaute übersteht und floriert.

Kapitel 16: Verbessern Sie den Wert Ihres Jobs während einer Rezession.

In der Rezession müssen selbst traditionell mitarbeiterorientierte Unternehmen ihren Schwerpunkt von der Schaffung eines großartigen Arbeitsplatzes auf die Suche nach Möglichkeiten verlagern, ihre Budgets zu kürzen und gleichzeitig auf dem Markt wettbewerbsfähig zu bleiben und Kunden anzuziehen, die ihr Geld sonst woanders ausgeben würden. Dies wird ihre oberste Priorität sein!

Da es für das Fortbestehen des Unternehmens von entscheidender Bedeutung ist, Geld zu sparen und gleichzeitig weiterhin Geld zu verdienen (und da dies in einer Wirtschaft, die von der Idee lebt, dass man Geld ausgeben muss, um Geld zu verdienen, nur schwer möglich ist), wird jeder Mitarbeiter, der bei der Erreichung dieses Ziels helfen kann, sofort zu einem der wertvollsten Aktivposten des Unternehmens.

Mitarbeiter, die einem Unternehmen helfen können, voranzukommen und gleichzeitig die Rentabilität zu erhalten, sind in den Augen der Unternehmensleitung äußerst wertvoll. Sie können sicher sein, dass diese Personen nicht auf der Suche nach Arbeit sein werden! In einer Rezession trennt man sich nicht von Vermögenswerten, die einen greifbaren Gewinn abwerfen.

Fallen Ihnen keine kreativen Möglichkeiten ein, um Ihrem Unternehmen bei der Senkung der Ausgaben zu helfen? Hier sind ein paar Vorschläge für den Anfang:

Reduzieren Sie die Anzahl der Büromaterialien. Sie würden sich wundern, wie viel der durchschnittliche Arbeitsplatz jeden Monat für Stifte, Papier und Ordner ausgibt.

Finden Sie eine Strategie zur Senkung der Produktionskosten ohne Qualitätseinbußen.

Wenn Sie eine Technik finden, um die Kosten für den Versand Ihrer Artikel zu senken, werden Sie in Ihrem Unternehmen sofort ein Held sein! Der Anstieg des Ölpreises (und damit auch des Benzinpreises) hat zu einem irrsinnigen Anstieg der Kosten für den Warentransport geführt, was wiederum die Unternehmen gezwungen hat, die Preise für ihre Waren zu erhöhen, was wiederum zu Geschäftseinbußen in der schleppenden Wirtschaft führt, da sich die Kunden über den Preisanstieg beschweren und ihr Geschäft woanders hin verlegen.

Neue Sozialleistungen Unternehmen, die ihren Mitarbeitern keine Sozialleistungen bieten, binden sie in der Regel nicht sehr lange an sich. Selbst die gefühllosesten Unternehmen veranstalten in der Regel eine Weihnachtsfeier oder eine andere jährliche Veranstaltung für die Mitarbeiter, die das Unternehmen am Laufen halten, und bieten das ganze Jahr über regelmäßig Anreize, um die Arbeitsmoral zu steigern und die Produktivität zu verbessern.

Wenn es Ihnen gelingt, regelmäßig Anreize für Mitarbeiter (und Kunden) zu schaffen, für die das Unternehmen weniger Geld ausgeben muss, sind Sie auf dem besten Weg, ein unverzichtbares Teammitglied zu werden.

Kapitel 17: Nutzen Sie die Stärke von SEO-Dienstleistungen.

Die wirtschaftliche Rezession hat sich auf viele Branchen ausgewirkt und zu massiver Arbeitslosigkeit, Unternehmensumstrukturierungen zur Förderung von Multitasking in vielen Abteilungen, erheblichen Investitionsverlusten und vielen anderen Faktoren geführt, die zur Abschottung oder sogar zum Konkurs eines Unternehmens führen können.

Viele Unternehmen haben zu Sparmaßnahmen gegriffen, die verschiedene wichtige Abteilungen betreffen, darunter auch die Marketingabteilung. Wie können Sie in einer wettbewerbsorientierten Branche erfolgreich sein, wenn Sie nur über ein begrenztes Marketing- und Werbebudget verfügen?

Können Sie Ihr Unternehmen während einer Rezession aufrechterhalten und wachsen lassen? Dies ist durch die Nutzung von SEO-Diensten möglich.

Warum das Internet? Unternehmer sind an traditionelle Formen der Werbung wie Fernsehen, Radio und Printmedien gewöhnt.

Aufgrund der aktuellen Rezession wurden jedoch die Mittel für Tri-Media-Werbung gekürzt, was die Marketingaktivitäten des Unternehmens beeinträchtigen könnte. Als Reaktion darauf kann ein Unternehmen das Internet für gewinnbringende Zwecke nutzen, die über E-Mail und einfaches Surfen im Internet hinausgehen.

Das Internet ist ein Medium, das ein Unternehmen einem weltweiten Publikum vorstellen kann. Vergleichbar mit Tri-Media, das auf ein Massenpublikum abzielt, ohne demografische Merkmale anzusprechen, kann Internetmarketing durch Nischenmarketing oder tatsächliche Resonanz bei der direkten Zielgruppe des Produkts eine größere Marktpräsenz erreichen.

SEO-Dienstleistungen sind eine Form des Online-Marketings, die als Reaktion auf die in der Rezession gesunkenen Werbebudgets eingesetzt werden kann. Suchmaschinenoptimierung ist eine Methode zur Steigerung des Website-Verkehrs durch organische Suchergebnisse; organische Suche ist der Prozess der Gewinnung von Website-Besuchern über die Ergebnisseiten von Suchmaschinen. Zu den Suchmaschinen gehören Google und Yahoo.

Auf diese Weise werden Menschen angelockt, die Produkte oder Dienstleistungen kaufen können, so dass sich ihr Besuch in einen Gewinn verwandelt. Auch wenn dadurch kein tatsächlicher Gewinn erzielt werden kann, können SEO-Dienste eine Investitionsrendite erwirtschaften, was in der derzeitigen Wirtschaftslage von entscheidender Bedeutung ist.

Bei der Auswahl eines SEO-Dienstleisters sind unter anderem die Kenntnis des von Ihnen anvisierten Nischenmarktes, Ehrlichkeit, Zuverlässigkeit und Arbeitsethik von Bedeutung.

Einige mögen die Nützlichkeit der Arbeitsethik im Internet anzweifeln. Da wir jedoch direkt mit den Endnutzern des Produkts interagieren, ist es wichtig, denselben Markenwert und dieselbe Bekanntheit wie in den Tri-Medien zu erhalten. Dies gilt auch für die Online-Promotion-Taktiken, die für die Website eingesetzt werden.

White-Hat-SEO-Strategien haben sich als sicherer und langfristig produktiver erwiesen als Black-Hat-SEO-Techniken, die dazu führen können, dass eine Website als Spam eingestuft wird und von den Suchmaschinen abgestraft wird.

Die Rezession ist gekennzeichnet durch Arbeitslosigkeit, geringe Rentabilität, Umschichtung von Mitteln usw. Dennoch sollten die Marketingbemühungen nicht geopfert werden. SEO-Dienstleistungen sind eine hervorragende Option, um im Internet und bei den Verbrauchern präsent zu sein.

Kapitel 18: Alternativen zu Kürzungen und Kürzungen während der anhaltenden Rezession.

Der Instinkt von Unternehmensleitern während einer Rezession besteht darin, Personal und Programme zu reduzieren und umzustrukturieren. Zu den täglichen Beispielen gehören Banken, Technologieunternehmen, Baufirmen, Kaufleute und sogar so genannte Wachstumsbereiche wie Gesundheitswesen und Nachhaltigkeit. Viele mittlere und kleine Unternehmen kommen nie in die Nachrichten. Während des derzeitigen wirtschaftlichen Abschwungs gibt es Alternativen zu Kürzungen und Einschnitten.

Strategie.

Ein umfassender strategischer Plan ist die Grundlage für den Erfolg in guten wie in schlechten Zeiten. Überprüfen Sie die Strategie Ihres Unternehmens. Ist sie sinnvoll? Ist sie umsetzbar? Ist sie übermäßig idealistisch? Wie wird sie Ihren Märkten und den Kernkompetenzen Ihres Unternehmens gerecht?

Ausführung.

Ohne Umsetzung sind selbst die besten strategischen und unternehmerischen Pläne nichts wert. Verfügen Sie über Metriken oder Messungen, um den Erfolg anhand der finanziellen UND operativen Ziele zu bewerten? Welche sind erfolgreich und welche nicht? Und warum? Wer ist dafür verantwortlich? Und was wird unternommen, um Leistungsdefizite zu beseitigen?

Kunden.

In Zeiten des wirtschaftlichen Abschwungs scheinen Unternehmen aller Größen bereit zu sein, die Kunden, die die Rechnungen bezahlen, an letzter

Stelle zu setzen. Nein! Jetzt ist der richtige Zeitpunkt, die Bemühungen Ihres Unternehmens um die Kundenzufriedenheit neu zu bewerten. Unabhängig von der Branche, dem Produkt oder der Dienstleistung haben Ihre Kunden die Wahl. Ergreifen Sie die erforderlichen Maßnahmen, damit Ihr Unternehmen für sie die erste Wahl ist. Fragen Sie SIE, wie Sie abschneiden und was getan werden kann, um sich zu verbessern.

Kosten.

Wenn die Wirtschaft schwächelt, sind die Unternehmen bereit, Ausgaben und Personal zu reduzieren. Dies ist so einfach, dass ein Kind mit einem Limonadenstand dies bewerkstelligen könnte, aber das ist oft NICHT die richtige Reaktion. Überprüfen Sie, wo die Ressourcen ursprünglich eingesetzt werden.

Halten Sie Ihre Gemeinkosten niedrig. Der größte Teil Ihrer Ressourcen sollte der Einkommensgenerierung und der Kundenzufriedenheit gewidmet sein. Wenn dies eine

Umschichtung und Umschulung erfordert, muss dies geschehen. Zweitens sollten Auftragnehmer und Berater entlassen werden, bevor Mitarbeiter entlassen werden, und die Aufgabe sollte intern erledigt werden.

Außerdem sollten die Gehälter und Boni an der Spitze des Unternehmens zuerst gekürzt werden. Die größten Kürzungen sollten bei den höchsten Führungskräften des Unternehmens vorgenommen werden, nicht bei den Angestellten und Vertriebsmitarbeitern mit Kundenkontakt.

Bitten Sie schließlich um Rückmeldungen; die Mitarbeiter vor Ort und im Backoffice wissen in der Regel, wo die größten Chancen für ECHTE Effizienzsteigerungen liegen. Bitten Sie sie um ihren Input, setzen Sie ihre Vorschläge um und würdigen Sie ihre Beiträge..

Geschwindigkeit.

Es erstaunt mich, wenn ich über die schnelle Mobilisierung von Ressourcen an der amerikanischen Heimatfront während des Zweiten Weltkriegs lese. In erstaunlich kurzen Zeiträumen gingen die Fabriken von der Produktion von Autos und Kühlschränken zur Herstellung von Panzern und Flugzeugen in großen Mengen über. Dies geschah, bevor es Computer gab, wie wir sie heute kennen. Warum also dauert heute alles (außer vielleicht das Internet) so lange?

Untersuchen Sie den Zeitbedarf in Ihrem Unternehmen und reduzieren Sie ihn um 25 bis 50 Prozent bei gleichbleibender oder verbesserter Qualität. Die für die Entwicklung neuer Produkte und Dienstleistungen benötigte Zeit wird nicht in Monaten, sondern manchmal in Jahren gemessen. Es ist machbar, und das ist ein Wettbewerbsvorteil.

Innovation.

Die BESTE Zeit für Innovation und Risikobereitschaft ist, wenn die Wirtschaft schwierig ist. In mageren Zeiten ist es für Unternehmen aller Größen natürlich, weniger Risiken einzugehen. Dazu gehören einzigartige Produkt-, Dienstleistungs-, Marketing- und Geschäftsbetriebskonzepte.

Im Gegensatz zu den meisten Unternehmen heben sich diejenigen, die Risiken eingehen und Innovationen vorantreiben, von der Konkurrenz ab. Außerdem sollte die Innovation alle Bereiche eines Unternehmens umfassen, nicht nur Forschung und Entwicklung oder Marketing.

Ein Niedergang, eine Rezession oder eine schwache Wirtschaft löst bei den meisten Geschäftsleuten auf allen Ebenen Angst aus. Auch wenn das Geld knapper ist und die Marktchancen geringer werden, gibt es in gesunden und schwachen Volkswirtschaften Gewinner und Verlierer.

Wenn man sich auf Strategie, Ausführung, Kunden, Kosten und Ausgaben, Geschwindigkeit und Innovation konzentriert, kann jedes Unternehmen, unabhängig von Größe, Markt oder Branche, als Sieger aus dem derzeitigen Wirtschaftsabschwung hervorgehen.

Schlussfolgerung.

Das derzeitige Wirtschaftsklima ist sowohl für Privatpersonen als auch für Unternehmen düster. Die Menschen schnallen ihren finanziellen Gürtel enger, da die Wirtschaft weiterhin zu kämpfen hat. Sparsamkeit, die früher als Anomalie galt, wird heute als Ehrenzeichen getragen.

Die Redewendung "Bargeld ist König" ist sehr zutreffend. Ein ausreichender Cashflow für Ihr Unternehmen ist während des derzeitigen wirtschaftlichen Abschwungs notwendig geworden, insbesondere angesichts der erschöpften Kreditmärkte.

Es ist für Unternehmen möglich, eine Rezession zu überstehen, wie der Erfolg von Google, IBM, PayPal und FedEx in der Vergangenheit gezeigt hat. Auch wenn Ihr Unternehmen nicht mit diesen Unternehmen vergleichbar ist, können Sie einige Dinge tun, die diese Unternehmen bereits getan haben, um Ihr Geschäft zu verbessern. Sie können weitere Schritte unternehmen, um sicherzustellen, dass Ihr Unternehmen mehr tut, als nur den derzeitigen wirtschaftlichen Abschwung zu überleben. Hier sind ein paar Beispiele:

Bieten Sie Fünf-Sterne-Kundenbetreuung. Selbst in wirtschaftlich schwierigen Zeiten weigern sich die Unternehmen, den Kundenservice zu reduzieren. Der Kundenservice ist die "erste Verteidigungslinie" Ihres Unternehmens - ein hervorragender Kundenservice führt zu zufriedenen Kunden. Kunden, die bereit sind, Geld auszugeben, generieren Einnahmen. Außerdem kann ein hervorragender Kundenservice Sie von Ihren Mitbewerbern abheben, was in diesen Zeiten besonders wichtig ist.

Es ist zwar ein idealer Zeitpunkt, um die Effizienz Ihrer Marketingkanäle zu überprüfen und festzustellen, wer Ihre wichtigsten Kunden sind, aber wenn Sie Ihr Marketingbudget kürzen, sind Sie im Nachteil. Viele Konkurrenten werden ihre

Anstrengungen bündeln, was sie dazu veranlasst, aggressiv für Ihr Unternehmen zu werben.

Mieten und Verträge neu aushandeln. Jetzt ist der ideale Zeitpunkt, um Ihre Dienstleistungsverträge, Lieferantenvereinbarungen und Mietverträge zu überprüfen. Wenn Sie sich an einen langfristigen Mietvertrag gebunden haben, sollten Sie mit Ihrem Vermieter eine Mietminderung aushandeln. Dies ist erfolgreich, wenn Ihr Vermieter eine hohe Belegungsrate anstrebt und weiß, dass Sie andere Möglichkeiten haben.

Eine Neuverhandlung des Mietvertrags kann oft zu einer Senkung der Miete um 5 bis 50 Prozent führen. Auch Lieferanten sind unter Umständen bereit, ihre Verträge neu auszuhandeln. Die meisten Unternehmen wissen, dass ein gewisses Maß an Geschäft besser ist als gar keins. Außerdem schadet es nie, zu fragen.

Entwickeln Sie weiterhin Produkte und Dienstleistungen, die Ihre Kundschaft ansprechen. Erfolgreiche Unternehmen sind diejenigen, die ständig innovativ sind. Sie können sich vorstellen, dass das in unserer Branche ziemlich schwierig ist, wenn man davon ausgeht, dass man das Rad nur so oft neu erfinden kann.

In diesem Szenario bedeutet Innovation jedoch nicht unbedingt die Schaffung neuer Produkte oder Dienstleistungen. Es geht darum, erfinderische Lösungen zu entwickeln, um die aktuelle Nachfrage zu befriedigen oder die Anforderungen oder Probleme eines Kunden zu lösen.

Es könnte bedeuten, dass Sie mit anderen an neuen Projekten zusammenarbeiten oder sogar einem Lieferanten unter die Arme greifen, um Ihren Verhandlungsspielraum zu vergrößern. Kurz gesagt: Seien Sie phantasievoll und schränken Sie die Möglichkeiten nicht ein.

Management-Fähigkeiten für Führungskräfte.

1. Zeitmanagement für Manager
2. Mitarbeiter-Coaching für Manager
3. Teambildung für Manager
4. Selbstvertrauen für Manager
5. Verhandlungsgeschick für Manager
6. Kundenservice-Fähigkeiten für Manager
7. Durchsetzungsvermögen für Manager
8. Business-Knigge für Manager
9. Zuhörfähigkeiten für Manager
10 Führungsqualitäten für Manager
11. Kommunikationsfähigkeiten für Manager
12. Präsentationsfähigkeiten für Manager
13. Stressmanagement für Manager
14. Entscheidungsfindung für Manager
15. Konfliktmanagement für Manager.

Serie: Finanzielle Freiheit in jedem Alter.

- ➢ Finanzielle Freiheit in den 20ern erreichen
- ➢ Finanzielle Freiheit in den 30er Jahren
- ➢ Finanzielle Freiheit in den 40ern erreichen
- ➢ Finanzielle Freiheit in den 50ern erreichen
- ➢ Erreichen der finanziellen Freiheit in den 60ern
- ➢ Finanzielle Freiheit in den 70ern und darüber hinaus.
- ➢ Finanzielle Freiheit bei Kindern erreichen
- ➢ Finanzielle Freiheit bei Teenagern erreichen
- ➢ Finanzielle Freiheit bei Studenten erreichen.
- ➢ Finanzielle Betrügereien, vor denen man sich im Ruhestand in Acht nehmen sollte.

Serie: Persönliche Finanzen für Sie.
- ➤ Kauf und Verkauf von Kryptowährungen für Anfänger
- ➤ Warum es Sinn macht, in Dividendenaktien zu investieren.

Serie: Reichtum 2022.

- ➤ Online-Unternehmertum.
- ➤ Ihr eigenes Unternehmen gründen
- ➤ Vermögensverwaltung
- ➤ Passives Einkommen.
- ➤ 12 Schritte zur Gründung Ihres eigenen Unternehmens.

Serie: Exzellenter Kundenservice.
- ➤ Exzellenter Kundenservice im Einzelhandel
- ➤ Exzellenter Kundenservice im Fast-Food-Bereich
- ➤ Exzellenter Kundenservice im Full-Service-Restaurant
- ➤ Exzellenter Kundenservice in der Lehre.
- ➤ Exzellenter Kundenservice in der Immobilienbranche
- ➤ Exzellenter Kundenservice in einem Call Center

- Exzellenter Kundenservice als Rezeptionist
- Exzellenter Kundenservice in einem Hotel
- Exzellenter Kundenservice im Verkauf
- Exzellenter Kundenservice in jeder Situation.
- Exzellenter Kundenservice in der Zahnarztpraxis
- Exzellenter Kundenservice in der Arztpraxis.

Serie: Schnelles Geld.

- Schnelles Geld in einer Woche
- Schnelles Geld an einem Wochenende
- Schnelles Geld in einem Monat
- Schnelles Geld für Studenten.

Serie: Wie man Werbung macht.

- Wie Sie Ihr Geschäft während einer Rezession zum Blühen bringen
- Wie Sie Ihr Rezeptbuch vermarkten
- Wie Sie für Ihr Kinderbuch werben.

Autor Bio

D.K. Hawkins. D.K. liest gerne persönliche Geschäftsbücher und verbringt Zeit in der Natur. Es werden noch mehr Bücher in dieser Sammlung erscheinen, also folgen Sie bitte auf Amazon für weitere Bücher.

Vielen Dank, dass Sie dieses Buch gekauft haben.

Ich weiß es wirklich zu schätzen und schätze Sie, meinen hervorragenden Kunden.

Gott segne Sie.

D.K. Hawkins.

www.ingramcontent.com/pod-product-compliance
Lightning Source LLC
Chambersburg PA
CBHW050008230526
45465CB00003BB/1319